図解

よく分かる相続・贈与税のバイブル

認知症対策急増時代がやってくる

プロの節税ノウハウを全ておしえます

◇小規模宅地等の評価の特例のポイント！
◇認知症対策はどうすればいいの？
◇遺言書の作成・保管が容易に！
◇遺産分割でももめない方法とは？
◇配偶者居住権とは？

新民法・新税制対応
令和2年以降適用版

黒永哲至 著

第4版

税務経理協会

第4版発行にあたって

令和元年、民法は四〇年ぶりの大改正があり（TOPICS（1頁～16頁）を参照）、相続に関しての取り扱いが大きく変わりました。

例えば、「配偶者の居住権の創設」です。配偶者の老後資金確保のために、配偶者が自宅に住み続けられる権利である「配偶者居住権」という新しい制度を創設しました。

また、円満相続のための重要なツールである「遺言」についても、自筆遺言について、財産目録をパソコンで作成できるとか登記所に保管する制度が創設されるなど、利用しやすい改正が行われました。

さらに、「小規模宅地等の特例」についても改正がありましたので、改訂いたしました。

さて、今回の改訂で一番大きな内容は、「認知症対策」についてです。国民の高齢化に伴い、急速に認知症の方々が増えています。

二〇二五年には、七〇〇万人が認知症になると予測されます。認知症になると契約行為ができませんので、預金の引出し、不動産の売却・賃貸などの行為ができなくなるのです。これらの方々の所有の金融資産だけで二一五兆円になるといわれています。不動産も含めると、とてつもない資産が凍結されることとなり、大きな社会問題となるのです。

そこで、今回の改訂で、相続対策の中で重要な意味を持ってきた「認知症対策」を追加いたしました。

人間は、結婚していれば六回の「認知症対策」が必要だと考えます。まず、自分の両親、次に義父母、自分、配偶者の六回です。

皆さん、身近なご自身の問題として考えていただければ幸甚に存じます。

令和二年四月一日

黒永　哲至

第3版発行にあたって

いままでの相続税は、基礎控除と居住用宅地の小規模宅地等の評価の特例により、相続税の納税額がゼロの場合がほとんどでした。ところが平成二五年一月の税制改正により、相続税の規定が大幅に変わり、基礎控除の四割カットを代表とする大増税の方向性が決定しました。

自宅所有を中心とした一般的な資産所有者は、ほとんど納税はゼロでしたが、平成二二年の小規模宅地等の評価の特例の改正により、首都圏に居住用や事業用の土地を所有している人の三人に一人は納税しなければならなくなるといわれています。アベノミクスとオリンピック効果で、最近は徐々に不動産価格が上昇してきています。これから更に上がると見込まれていますので、相続税を納付する割合はますます増えるでしょう。

そういう状況にありますので、相続税対策の重要性が高まっているのです。いままで一定以上の資産家だけを対象とした相続税から、庶民を対象とした相続税に変わろうとしています。

本書は、どなたが読んでも分かりやすくするために、なるべく専門用語を使わないように努めています。

また、最近注目を集めている「信託制度」や「教育資金の一、五〇〇万円の贈与の非課税制度」等の最新情報も網羅していますので、「相続税対策」、「円満相続」に興味がある方は、この本をお読み頂ければ幸いに思います。

平成二六年二月一日

黒永　哲至

第2版発行にあたって

昨年発刊の本書では、様々な相続税対策を書いてきました。今年になって、相続・贈与税で大きな改正がありましたので、今回第2版を出すことになりました。

その大きな改正とは、「相続時精算課税制度」です。従来、贈与税の基礎控除は一一〇万円でしたが、今回の「相続時精算課税制度」では、一定要件のもとに二、五〇〇万円が非課税となりました。また、住宅資金の贈与に関しては、三、五〇〇万円まで非課税という、今までには考えられないほどの贈与が可能となりました。

ただし、この制度を選択した場合には、相続時にその贈与を受けた財産を、再度相続財産に加算して計算し直さなければなりません。

このように、この制度は節税対策よりも相続財産を早期に親の生前に分割できるので、「円満相続」に大きな力を発揮するのです。

後でくわしくそのノウハウは述べますが、今までは遺言でしか親（被相続人）の意思を伝えられませんでしたが、今回の改正で、多くの選択肢が考えられるようになりました。また、今回の改正では、相続税・贈与税の税率も大きく軽減されましたので、新税率を適用しています。

従来の相続税対策と、新税制でのノウハウを駆使した対策とを組み合わせて、有益な「相続・贈与税のバイブル」になれれば幸いと思っております。

平成一五年九月一日

黒永　哲至

まえがき

今のようなデフレといわれる世の中でも、相当額の財産をお持ちの方は、いまだに相続税は最高七〇％という高い税率が課されます。

人生の締めくくりを想定して、先祖または自分自身が築いた財産を次の世代に引き継ぎたいと思うのは、人間として自然な感情といえます。また、自分の相続後に残された妻や子供たちの間で争いがなく、仲良く暮らして欲しいという願いも当然のようにあります。財産の額にかかわらず、相続は全ての家族に起こりうることなのです。

私は職業柄、いろいろな相続をみてきました。そこで一番心を痛めるのは、遺産争いです。親族間で裁判沙汰になり、一生いがみあっているのをみると、悲しい想いがします。

一通の遺言書があれば円滑に遺産分割ができるのに、と思うことがしばしばあります。

また、節税対策や納税対策をしていれば、無事に相続税が納付できたのにと思うこともよくあります。

そこでこの本では、『争族』を避けるための遺言書の書き方や、現行税制で考えられる相続税対策をわかりやすく解説するとともに、図や表を多く使い、なるべく専門用語をやさしく説明することにしました。また、相続発生時の実際の手続内容についても、順序だてて説明しました。

「備えあれば憂いなし」と、いいます。

残された家族が末永く円満であるように必要な方法はとるべきでしょう。相続対策をお考えの方々の一助になれば幸いであります。

平成一四年一一月一日

黒永　哲至

目次

目　次

PART3 納税対策編

TOPICS

〈1〉配偶者居住権
〈2〉結婚二〇年以上の配偶者の権利拡大
〈3〉遺言書の作成が容易に
〈4〉長男の嫁も財産取得ができる
〈5〉相続発生時に預金が引き出せる
〈6〉自筆証書遺言を法務局で保管してくれる
〈7〉遺留分制度の改正で共有持分問題が解消される

〈1〉配偶者居住権

相続における一般的なケースとして考えられる相続財産は、「自宅」と「預貯金」という財産構成が代表的といえます。

この場合、夫（被相続人）と妻と子供という家族であれば、当然、自宅は妻が住み続けるので、妻が相続します。すると、「預貯金」は、子供が多く相続することとなり、妻である配偶者は、「自宅」と、老後資金としては不充分な「預貯金」しか相続できないことになります。

■改正点■

そこで、今回の民法改正で、自宅を「住む権利」と「所有権」とに分けることができるようになりました。その自宅に「住む権利」のことを「配偶者居住権」といい、今回新たに創設されました。

そのことにより、妻は、自宅に住み続けられ、老後資金の預貯金も、相続できるようになり、安心して老後を過ごせることとなりました。

■ モデルケース ■

相 続 人　妻と子

遺　　産　自　宅　2,000万円　預貯金　3,000万円

妻と子の相続分＝１：１（妻2,500万円　子2,500万円）

■ 配偶者居住権 ■

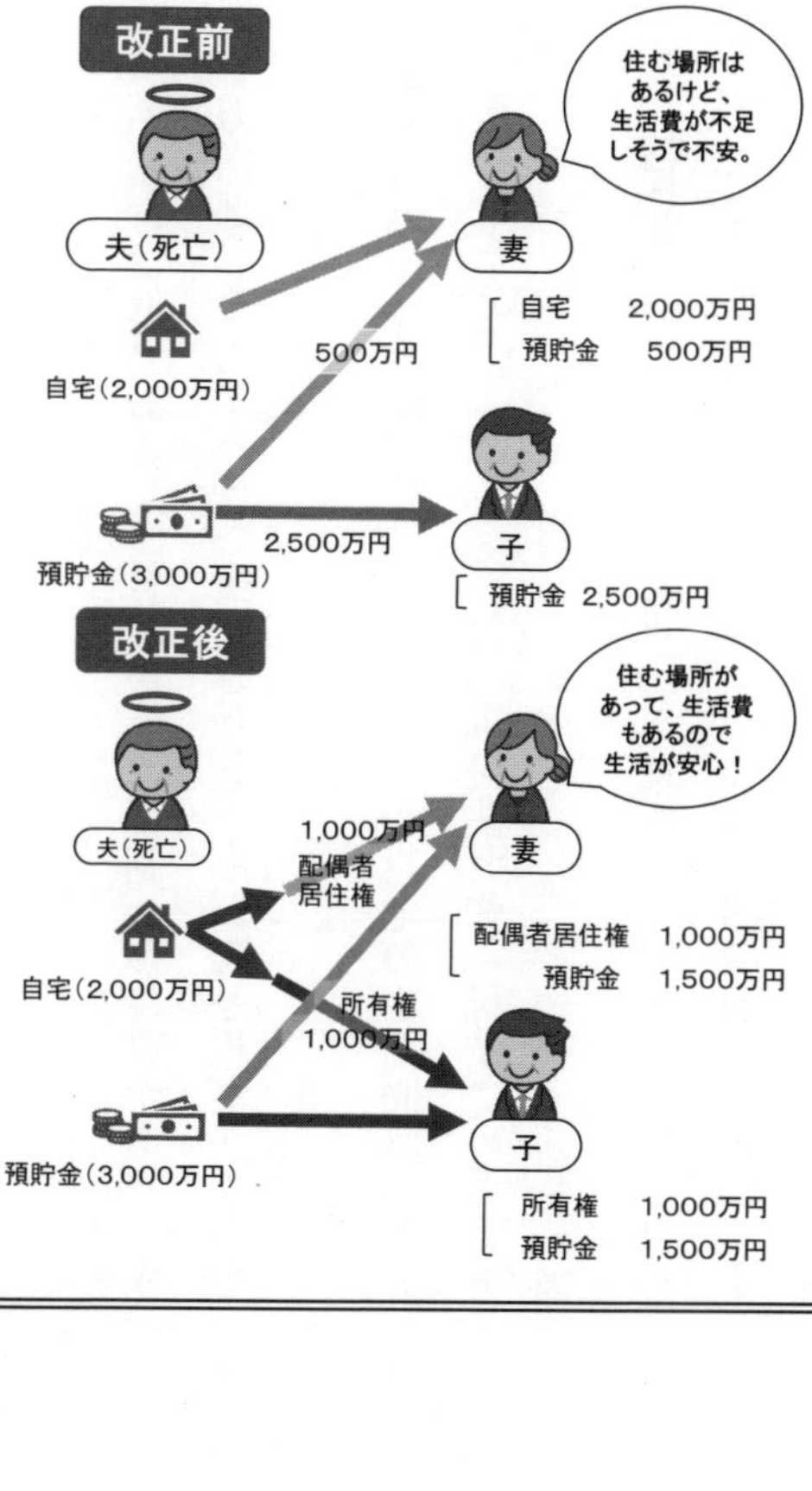

〈2〉結婚二〇年以上の配偶者の権利拡大

夫婦は2人が協力して財産を築くわけですから、妻である配偶者に報いる税制上の特典があります。結婚二〇年以上の夫婦は、自宅二、〇〇〇万円部分を夫から妻へ生前贈与しても、贈与税がかからないという「贈与税の特例」です。

ところが、いざ夫が亡くなって相続で遺産分割をする際には、なぜか、その自宅の生前贈与の部分も含めて、相続財産として遺産分割をすることとなるのです。それは、「民法」と「税法」の考え方が全然別物ということです。

「税法」の特典で、生前贈与は無税でも、「民法」の世界では、過去の生前贈与、例えば、嫁入りの「持参金」、家を建てた時の「頭金」、そして、結婚二〇年の「自宅二、〇〇〇万円の贈与」等は、すべて、相続財産の先渡し（特別受益）ということで、遺産分割の対象となるのです。したがって、一般的なケースとして、自宅と預貯金が、相続財産の大部分である場合には、妻は、自宅を相続すると、老後資金の預貯金を多く相続できなくなります。

■ 結婚20年配偶者権利拡大 ■

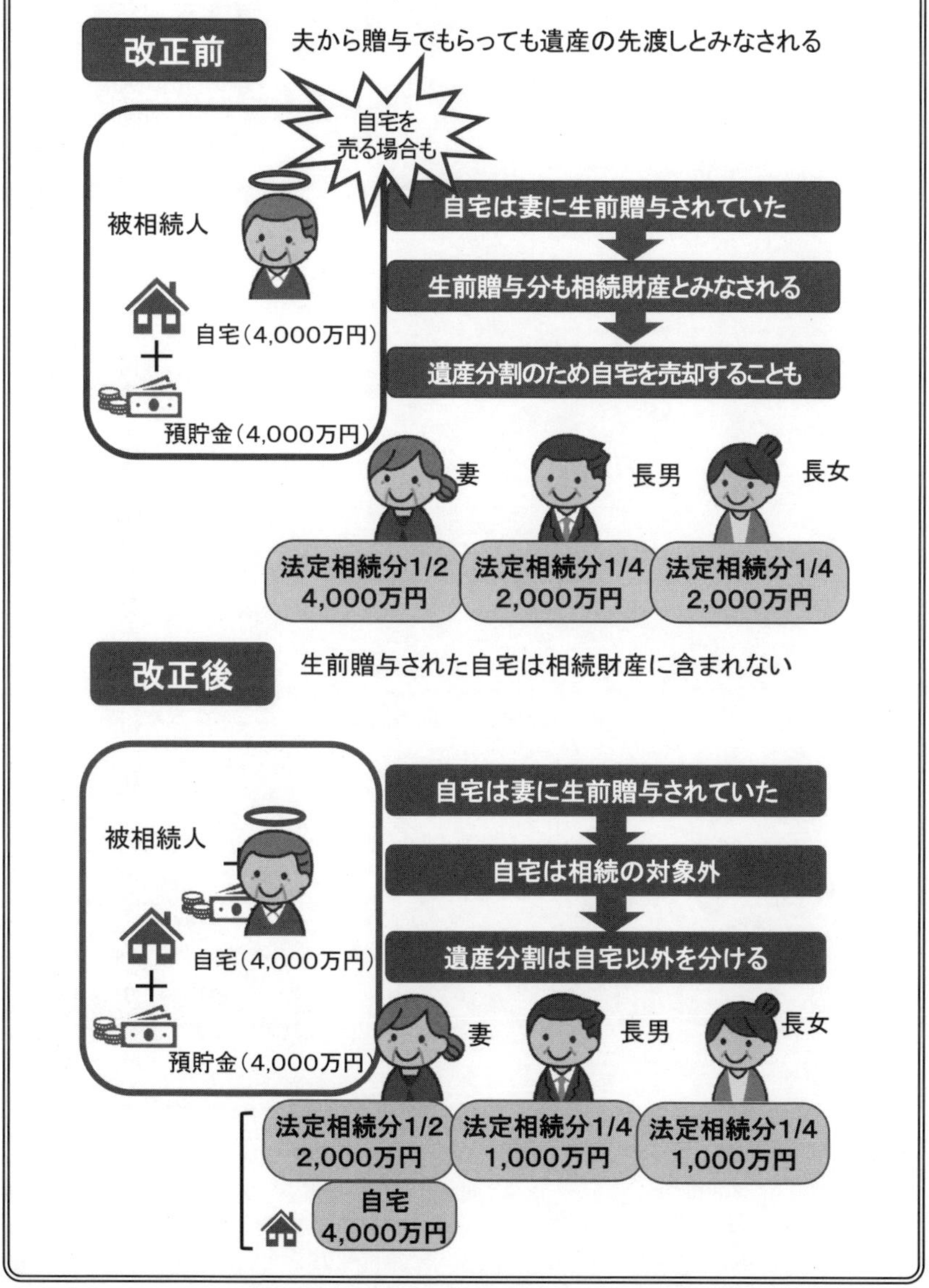

■改正点■

そこで、今回の民法改正で、自宅を生前贈与されたものは、相続の遺産分割から除外されることとなりました。

〈3〉遺言書の作成が容易に

自筆遺言を書く場合には、従来は、すべて手書きしなければなりませんでした。

今回の民法改正で、細かい内容を記載しなければならない「財産目録」については、パソコン、ワープロで作成することが可能になりました。これにより、遺言作成及び訂正、追加等が容易になりました。また、「不動産登記事項証明書」や「通帳のコピー」を添付することもできるようになりました。

これにより、遺言のハードルが低くなり、円満相続と相続後の未登記を防ぐ効果があるといえます。

■ 遺言書の作成方法 ■

	改　正　前	改　正　後
作　成　者	本人	本人
作成方法	全文を自筆で書く。	全文を自筆で書く。 ただし、財産目録はワープロやパソコンでの作成が可能に。
添付できるもの	なし	不動産登記事項証明書、通帳のコピーの添付も可。
署名・押印	氏名の下に押印。 日付は何年何月何日まで入れる。	氏名の下に押印。 財産目録は各頁に押印。 日付は何年何月何日まで入れる。 不動産登記事項証明書、通帳のコピーには署名、押印が必要。

〈4〉長男の嫁も財産取得ができる

従来の日本の家族は大家族主義で、家長制度をとってきました。長男が家督を継ぎ、両親の面倒は、長男の嫁が見るという構図です。そこで介護においても、最後を看取るまで、長男の嫁が世話をすることになります。

ただ、義父母の相続が発生しても、相続人でないため、相続分は一切ないので、「長男の嫁」は報われないこととなっていました。

■今回の民法改正■

今回の改正で、長男の嫁の介護等の「特別の寄与」（貢献度）が、一定要件で認められるようになりました。

〈要　件〉

① 被相続人が要介護2以上

② 一年以上介護に携わる

このことにより、法定相続分は変わりません。この「特別の寄与」を請求する場合は、「介護ノート」、「介護費用の領収書」等を提示することが必要となります。ただし、親族間の難しい問題ですから、話し合いでの切り出し方は、「穏便」になさってください。

■ 長男の嫁も財産取得ができる ■

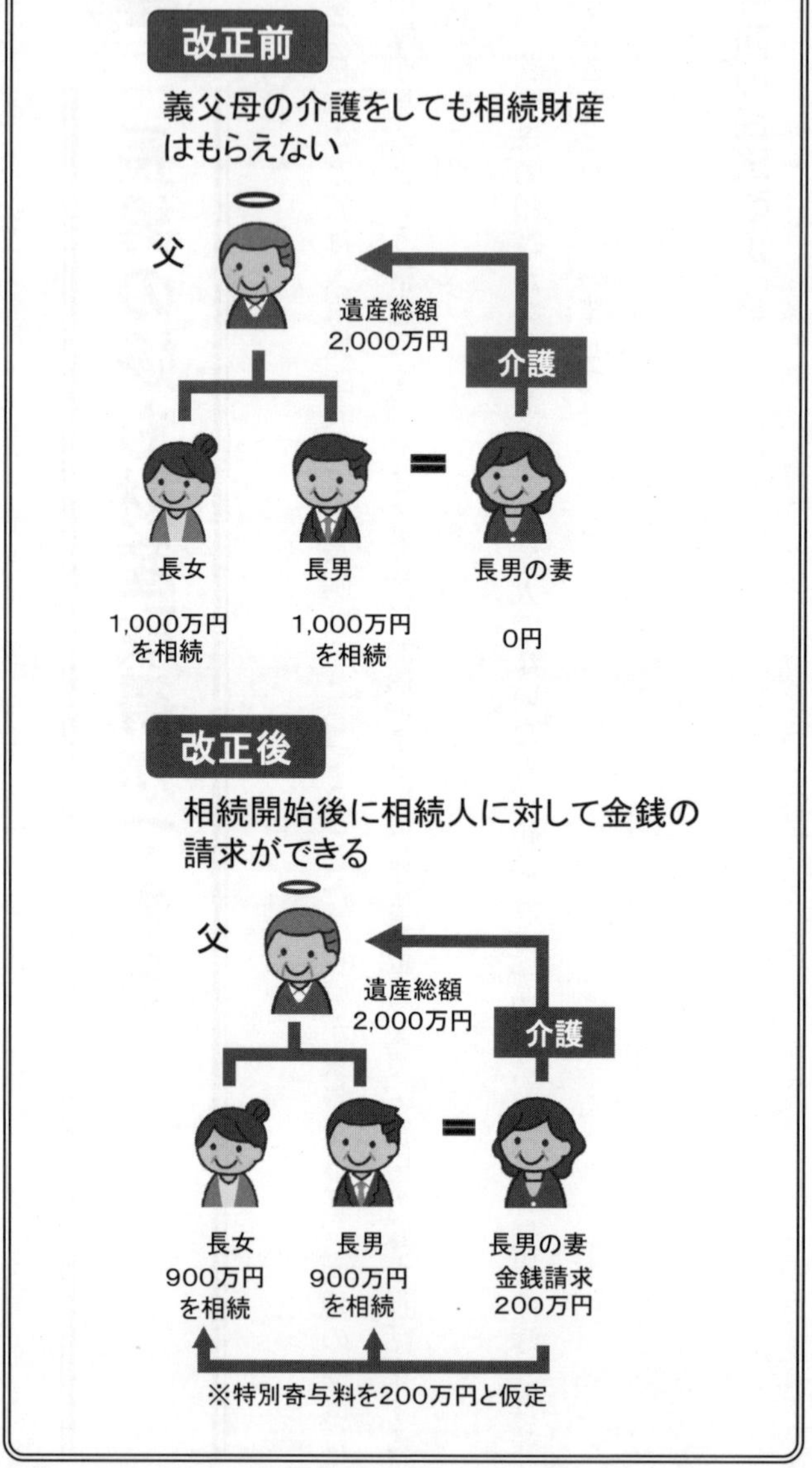

〈5〉相続発生時に預金が引き出せる

相続発生時には、故人の預貯金の口座は凍結されます。

そこで、親の葬儀の費用や医療費の支払いが、親の預金からできなくなるのが、現行の制度です。

そうすると、高額な葬式費用や医療費を、誰が負担して立て替えるかという問題になってきます。また、銀行のカードを子供や妻が持っていて、ＡＴＭで相続の前後に預金から引き出すケースをよくみかけますが、厳密には、本人以外の引き出しは「なりすまし」となり、他の相続人から訴えられる可能性があります。

■ 今回の改正 ■

相続発生後、預貯金金額の三分の一のうち、各相続人の法定相続分相当額を銀行口座から引き出せることとなりました。引き出し限度額は、一つの金融機関から

預貯金金額 × $\frac{1}{3}$ × 相続人の法定相続分

「一五〇万円」です。

■ポイント■

生前から、複数の金融機関に預貯金を分散させると、払い戻し限度額が増えます。

〈6〉自筆証書遺言を法務局で保管してくれる

自筆証書遺言は、従来は自宅で管理するしかありませんでしたので、改ざんや紛失や、保管場所がわからないというデメリットがありました。

■ 今回の改正 ■

今回の民法改正で、自筆証書遺言を法務局（登記所）で保管できるようになりました。法務局の「遺言書保管官」に保管を申請し、原本を保管してもらえる制度です。（二〇二〇年七月一〇日に施行）。

相続発生時には、次の申請ができます。

① 遺言書情報証明書の交付

② 遺言書の閲覧

■メリット■

① 遺言の作成、保管がし易くなる
② 法務局に預けるので、相続後の相続登記が普及する
現在は、未登記物件が社会問題
③ 相続手続きの円滑化で、「空き家」問題の解消化
④ 検認（家庭裁判所での確認作業）がいらない
※ ただし、内容形式のチェック、公証人がヒアリングして作成してくれる作成の容易さの観点から、「公正証書遺言」が基本では!!

〈7〉遺留分制度の改正で共有持分問題が解消される

遺言で、ある相続人に多く相続させる内容である場合に、他の相続人の最低保証額、いわゆる「遺留分」に関し、従来は、不動産についても「遺留分減殺請求」という取り戻しの請求ができたので、不動産の共有状態が多く発生することになっていました。

■ 今回の改正 ■

そこで、今回の民法改正で、遺留分の請求が、原則として金銭で支払うこととされ、不動産の共有持分による所有を避けられるようになりました。また、「遺留分減殺請求」の名称も、「遺留分侵害額請求」に変更されました。

例えば、事業を経営する父親が、遺言で、事業を承継する相続人である長男に、事業用不動産を全て相続させる内容であった場合に、他の相続人からの「遺留分侵害額請求」によって、事業用不動産を共有持分で分割所有となると、事業を継続する上で、いろいろな弊害が生じます。

そこで、今回の改正で、「遺留分侵害額請求」は金銭で請求するようになったことで、複雑な権利関係で運用処分が困難な共有持分の不動産の問題を解消できることになったのです。さらに、金銭で一時に支払えない場合には、裁判所が金銭債務の全部又は一部の支払いについて、相当の期限を設けることができることとしています。

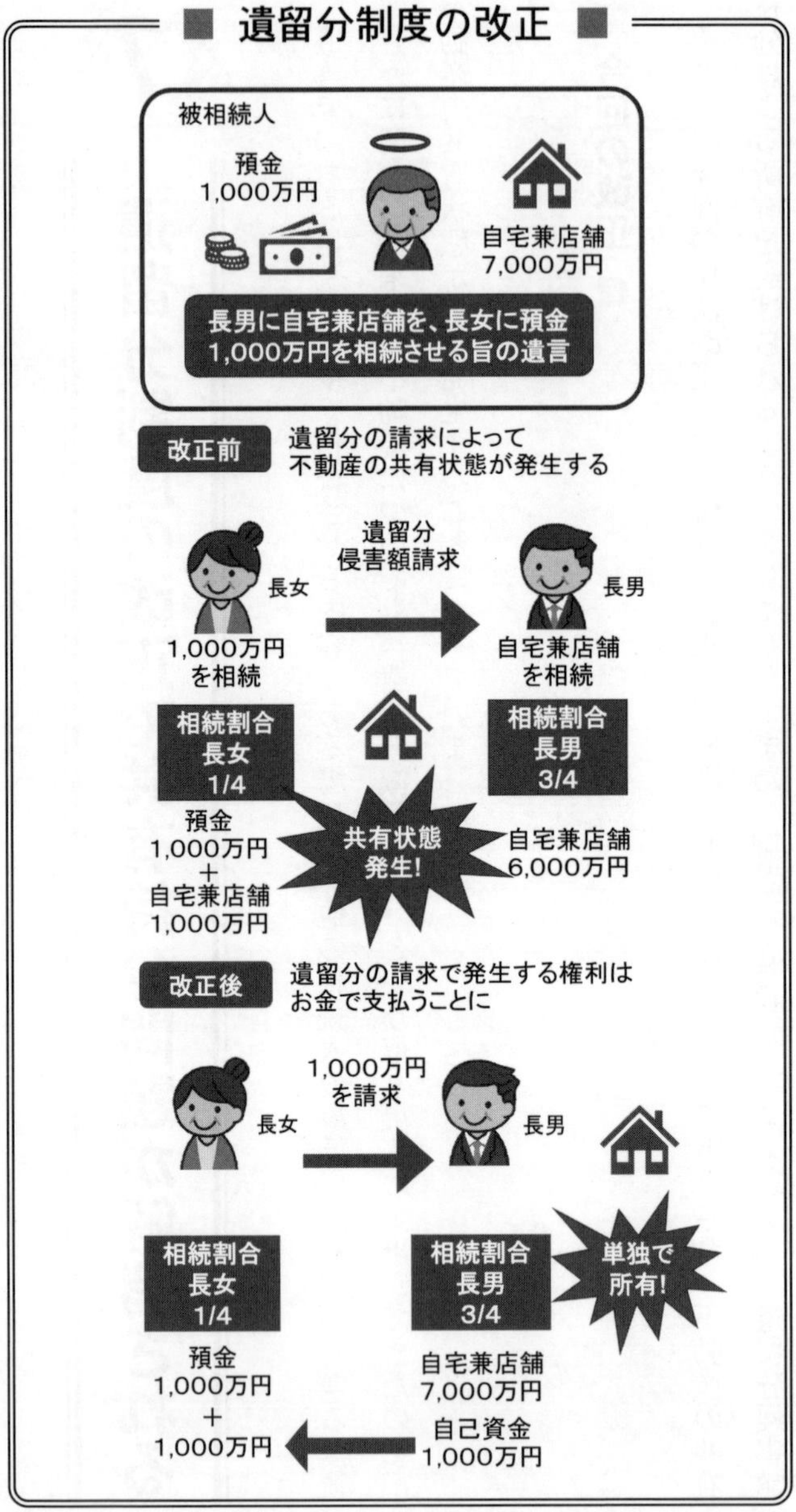

PROLOGUE

〈1〉相続税大増税の時代が来た
〈2〉基礎控除の削減であなたも相続税の納税者に!!
〈3〉相続税はどんな税金なの？
〈4〉相続税対策をした人としない人
〈5〉相続税対策とは何をすればいいのか

〈1〉相続税大増税の時代が来た

日本の財政は、非常に厳しい状態にあるといえます。

そこで、財務省としては税収をこれまで以上にあげる方向で動いています。国税三法といわれる法人税、所得税、相続税全てにおいて増税を図りたいのですが、法人税については、国際公約で、諸外国の投資促進の目的で、減税の政策をとっています。

ということで、残る所得税と相続税について増税の政策がうたれてきています。

所得税については、給与所得控除額の上限設定、最高税率の引き上げ（五〇％から五五％へ）が行われました。

そして相続税では、後で述べる小規模宅地の評価の特例の制限、および平成二七年の最高税率の引き上げ、基礎控除の削減により、相当の増税となります。

〈2〉基礎控除の削減であなたも相続税の納税者に‼

平成二七年の税制改正で、相続税の基礎控除が二一年ぶりに四〇％という大幅な削減になりました。

これまでは、小規模宅地の特例を使えば、自宅といくらかの老後資金だけという一般的な国民は、相続税はかかりませんでした。

しかし、この改正により、首都圏に土地付きの自宅を持っていると、大部分の人が、相続税を課税されることになったのです。

従来の相続税の申告納付割合は四％程度でした。つまり、一〇〇人の相続のうち、四人しか相続税を申告納付していないということです。ところが、東京二三区の中で自宅を所有している人についていえば、三〇％前後の人に相続税がかかり、「小規模宅地の評価の特例」等により申告することにより無税になる人を含めると、五〇％以上が相続税の申告が必要になるといわれています。

基礎控除額

5,000万円＋1,000万円×法定相続人の数

⇩

3,000万円＋600万円×法定相続人の数

■設　　例■

・相続財産　自　宅　5,000万円　　預貯金　2,000万円
　　　　　　財産総額　7,000万円
・相 続 人　子　供　　2人

≪改正前　相続税額≫

財産総額　7,000万円
基礎控除　△7,000万円(5,000万円＋1,000万円×２人)
　　　　　　　　　　相続税額　　0円

≪改正後　相続税額≫

財産総額　7,000万円
基礎控除　△4,200万円(3,000万円＋600万円×２人)
　　　　　　　　　　相続税額　320万円

具体的にみていきましょう。

Aさんは東京に一戸建の自宅（評価額五、〇〇〇万円）と、老後資金の預金二、〇〇〇万円をお持ちの方で、子供が二人います。

Aさんは従来であれば、相続税は財産が七、〇〇〇万円の基礎控除以下で、相続税〇（ゼロ）なので、申告が不要でした。ところが、今回の基礎控除の削減で、七、〇〇〇万円の控除が四、二〇〇万円しか引けなくなり、相続税を三二〇万円納付しなくてはならなくなったのです。

〈3〉

相続税はどんな税金なの？

「相続税」「相続税対策」という言葉をよく耳にしますが、はたして何人の人が、「相続税」について明確に理解しているでしょうか。

そこで、「相続税」はどのような税金なのか、「税金」全体の中での位置付けをみていきたいと思います。

まず初めに、「税金」の区分についてみていきましょう。

税金は「所得」「消費」「資産」の三つにかかります。

まず、「所得」に対する税金があります。所得とは、収入から費用を引いた残りの利益、つまり儲けに課税されます。所得税や法人税の確定申告による納税のことです。最も一般的な税金です。

その「所得」に対する税金を払った残りの所得のことを「可処分所得」といいます。その可処分所得の処理は二種類の方法があります。「使う」か「貯める」かです。つまり「消費」するか、「資産」とするかに分かれます。

その「消費」した場合に課税されるのが「消費税」です。消費するぐらいだから、五％位は、税金を負担できるだろうという考え方なのです。

そして、使わないで節約して、コツコツ貯めた結果が、「資産」となります。売却した場合には、譲渡所得税が課税されますが、資産として所有しているだけでは途中で値上がりしても課税されません。

その「資産」に対して、最後に人生の清算の意味で課税するのが、「相続税」です。また、「相続税」は、不労所得であるため、最高五五%という高い税率が課されます。資産家と、資産をもっていない人の平均化を図るうえでも、「相続税」は、「富の再分配」の機能をもっているといえます。

■ 税金の区分 ■

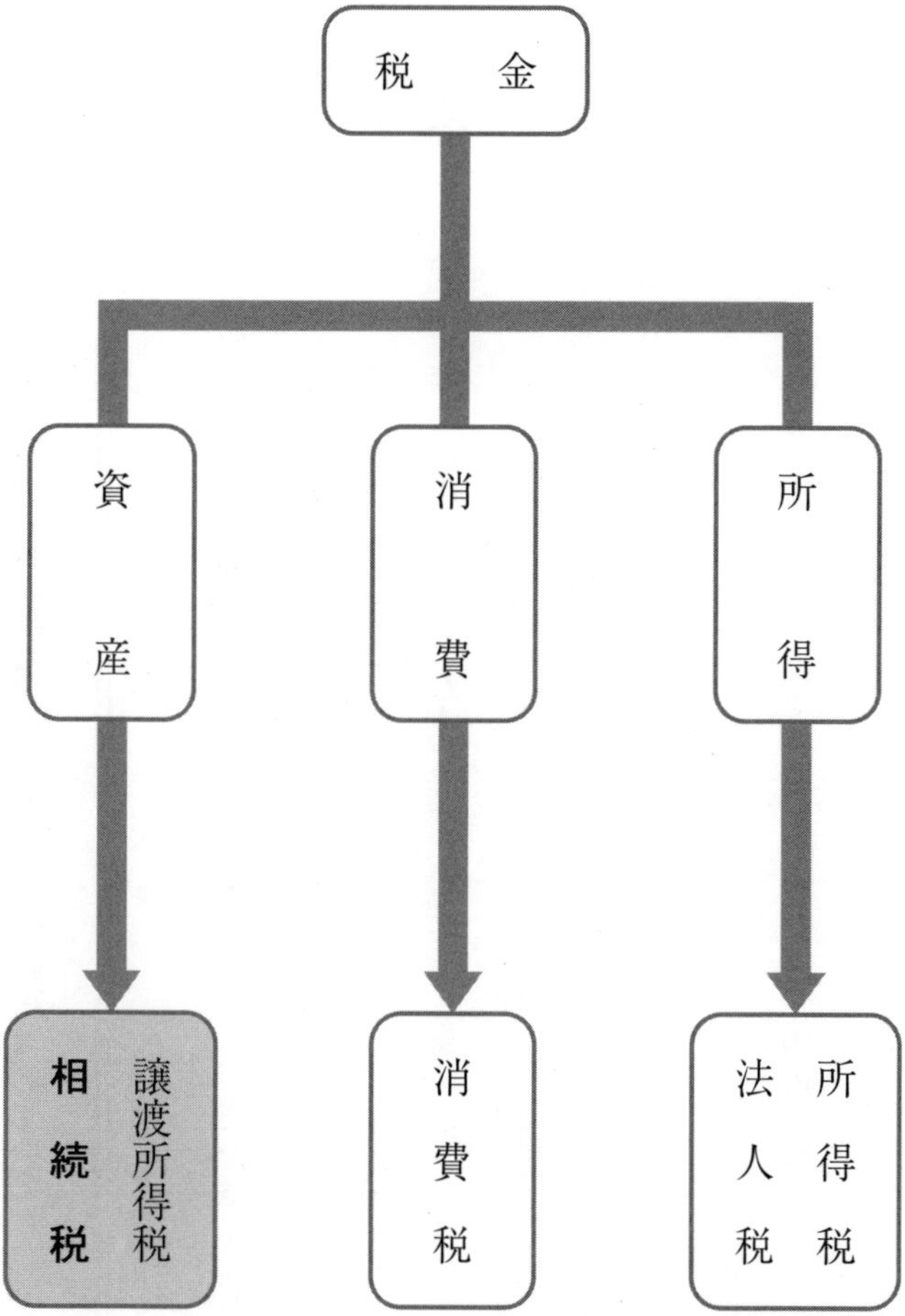

〈4〉 相続税対策をした人としない人

私たち税理士は、資産家のお客様に、「今の相続税額を計算しませんか」または「相続税対策をした方がいいんじゃないですか？」と、勧めることがよくあります。

そこで、相続税対策をして、喜ばれることは多いのですが、中には、「費用がかかる」「借金をしたくない」「生命保険はきらいだ」等の理由で、断られることがあります。

しかし、いざ相続が起きて、相続税の申告をする段になって、多額の相続税が課され、「相続税対策をやっていれば良かった」と、いわれる方がいます。

今後は、いままで相続税がかからなかった人も、今回の大増税で相続税を納付しなければならなくなりましたので、相続税対策の重要性がますます高まっています。また、「相続」は税金問題だけでなく、全てのケースに「遺産分割」という局面が出てきます。これを「円満相続」するためにも、事前の対策をする必要性があります。

これからは、「相続税対策」した人としない人の違いが、大きく出る時代になってきたといえますので、後悔しないように早めに準備をしていきましょう。

■ エピソード ■

相続税の税率引き下げの議論が新聞で報じられていますが，現行は最高税率55％という高税率となっています。ということは，どんな資産家も三代続けば，財産がほとんどなくなってしまうということです。ここで，東京の資産家で，相続税対策をしなかった家族と，相続税対策をした家族の話をします。

Ｎさんは，東京都の文京区に代々続く資産家ですが，Ｎさんのお父さんが７年前に亡くなりました。Ｎさんのお父さんはサラリーマンで，相続税に対して知識もなく，対策もうっていませんでした。そこで，お父さんの遺産総額は約10億円，相続人は，お母さんと，子供はＮさんと弟さんの２人で，相続税額は約２億でした。しかし，現金はあまりありませんので，土地の一部を売って相続税を払いました。これで終わったと思ったのですが，５年後にＮさんのお母さんが亡くなりました。前回のお父さんの相続のときは，妻が半分相続すると，税額が免除になったのですが，今回は，お母さんの相続した５億円にまるまる相続税が課され，税額が１億5,000万円となりました。しかも，財産のほとんどが自宅の土地だけでしたので，やむなく先祖代々の思い出のこもった自宅を売って相続税を納め，残った資金で郊外に家を買いました。

もう一つの家族，Ｋさんは，同じく東京都の新宿区で三代続く資産家で，Ｎさんと同じ規模の資産をもっています。Ｋさんは，お父さんの相続税対策に関心が深く，10年前から友人の税理士に相談して，自宅の敷地にマンションを建て，管理法人を設立して，節税対策を行ってきました。納税資金対策として，生命保険も加入しました。

Ｋさんのお父さんが５年前に亡くなりましたが，相続税対策を行っていたので，5,000万円ほどですみました。しかも，生命保険が7,000万円ありましたので，相続財産を減らすことなく，相続をクリアすることができました。

このように，東京の都心の資産家ＮさんとＫさんでは，相続税対策の有無で，代々所有の土地を手放すのと，所有し続けるという，天地の差がでてきてしまいました。

たしかに，相続税の税率は高いのですが，手をこまねいていては，Ｎさんのように三代でなくなってしまいます。しかし，Ｋさんのように，積極的に対策をうっていけば，財産を維持することはできるのです。

先祖代々の財産を守ることは，脱税でも，反社会的行為でもありません。合法的で，的確な対策を立て，財産を守ることで，御先祖様もきっと喜んでくれることでしょう。

〈5〉相続税対策とは何をすればいいのか

相続税対策は大きく分けて、「節税対策」と「納税資金対策」と「争族対策」の三種類があります。

■節税対策■

相続税の納税額そのものを減らす対策です。不動産の有効活用で、借入金を使ってマンションやアパートを建てたり、生前贈与を使って財産そのものを減らしたり、養子縁組で相続人を増やしたりする方法が考えられます。

ただし、いずれの対策も周到な計画のもと一〇年単位の長期的視野でやるべきでしょう。付け焼刃はけがのもとです。

■納税資金対策■

資産家の方は相続により、納税のために住みなれた自宅や先祖からの大事な財産を手離すのに相当の抵抗があります。そこで、重要になるのが、「納税資金対策」です。また、バブル崩壊後は、地価下落で納税のための売却でも希望の金額で売れないケースが多いのが現状です。そのためにも、生命保険の活用、延納、物納等の対策を事前に考える必要があります。

■争族対策■

私の経験から「相続税対策」の中で最も重要なのが、「争族対策」です。相続税が発生しない人でも、この遺産の分割問題は生じてきます。親兄弟、親族等が裁判沙汰になっている図は、何度も目にしていますが、非常に心苦しいものです。

こうしたトラブルを避けるためにも、「遺言」を是非お勧めします。どの財産をだれに相続させるかを指定し、それぞれの相続人の遺留分を侵さない限り、親兄弟、親族間の相続手続は円滑なものとなるでしょう。

■ 相続対策のポイント ■

対策目的	意　　義	具体例
節税対策	相続税を安くする	不動産有効活用 生前贈与 自社株対策
納税対策	相続税の納税資金の確保	生命保険 物　納 延　納
争族対策	親族間の遺産争いをなくす	遺　言 代償分割 死因贈与

PART 1

相続・贈与税のしくみ編

第１章　相続の意味としくみ
第２章　相続税のしくみ
第３章　贈与税のしくみ
第４章　遺言について

第1章　相続の意味としくみ

〈1〉どんなときに相続税がかかるのか
〈2〉法定相続人とは
〈3〉相続権を失う場合
〈4〉法定相続分とは？
〈5〉指定相続分と遺留分
〈6〉遺産分割をする方法
〈7〉相続するか放棄するか？

〈1〉どんなときに相続税がかかるのか

相続税を考える前に、まず「相続」について知らなければなりません。

相続とは、人が死亡した場合に、その死亡した人の財産を、その配偶者および子供等が受け継ぐことをいいます。

この場合、その死亡した人を「被相続人」、財産を受け継ぐ人を「相続人」といいます。相続は被相続人の死亡と同時に開始します。

したがって、相続人が、被相続人の死亡を知らなくても、相続は開始しているのです。相続開始のときにおいて、相続人は財産および債務等の権利義務を全て引き継ぎます。その財産および債務の額は、相続開始の時点で評価します。

相続税は、この相続により得た財産に課税されますが、それ以外にも次に述べる「遺贈」と「死因贈与」の二つのケースにも課されます。

「遺贈」とは、遺言により財産をもらうことをいいます。遺言があれば、法定相続分にかかわらず財産の分配が可能で、法定相続人以外の個人または団体にも財産を譲ることができます。

次に「死因贈与」とは「私が亡くなったら、Aの土地と建物をあげます。」というような、死亡を原因とする贈与契約です。

「遺贈」はもらう方の意志に関係なく一方的な財産の分割方法ですが、「死因贈与」は贈与する方とされる方の双方の合意が必要とされます。

■ 相続税のかかる三つの財産取得方法 ■

Ⅰ　**相続による取得**

死亡により，相続が開始。
一定額以上の財産額であれば，相続税が課税される。

Ⅱ　**遺贈による取得**

遺言により，財産を取得する。
相続人以外でも取得できる。

Ⅲ　**死因贈与による取得**

死亡を原因とした贈与契約。
生前贈与は「贈与税」がかかるが，「死因贈与」は「相続税」がかかる。

〈2〉法定相続人とは

■法定相続人とは■

被相続人の財産を相続できる人を相続人といいます。相続人は、だれでもいいというわけにはいきませんので、民法で定められています。

この民法で定められている相続人のことを法定相続人といい、配偶相続人と血族相続人からなります。それでは、法定相続人とは、どのような人をいうのでしょう。

配偶者は、必ず法定相続人になれます。ただし、内縁関係者は除かれます。これを、「配偶相続人」といいます。

血族については、範囲を無制限に認めると、収拾がつかなくなりますので、相続人になれるのは、

① 直系卑属（子、孫など）
② 直系尊属（父母、祖父母など）
③ 傍系の兄弟姉妹とその子

などに限られています。

これらの人たちを、「血族相続人」といいます。

もし、相続となったときに配偶相続人である配偶者は、法定相続人に無条件でなれます。しかし、法定相続人になる優先順位で問題になるのが血族相続人です。親族は、次の表のように基本的に血のつながりの濃い順になります。

まず、直系卑属（子や孫）がいるときは、必ず直系卑属が相続人になります。子供は皆平等に相続分があります。昔のように、家督を相続する人が多く相続するということはありません。次に直系卑属がいないときは、直系尊属（父母、祖父母など）が、相続人になります。直系卑属も直系尊属もいないときは、はじめて、傍系の兄弟姉妹が相続人になることができます。

このような順序で、血族相続人が決まります。

図解すると、次の表のようになります。

法定相続人の範囲

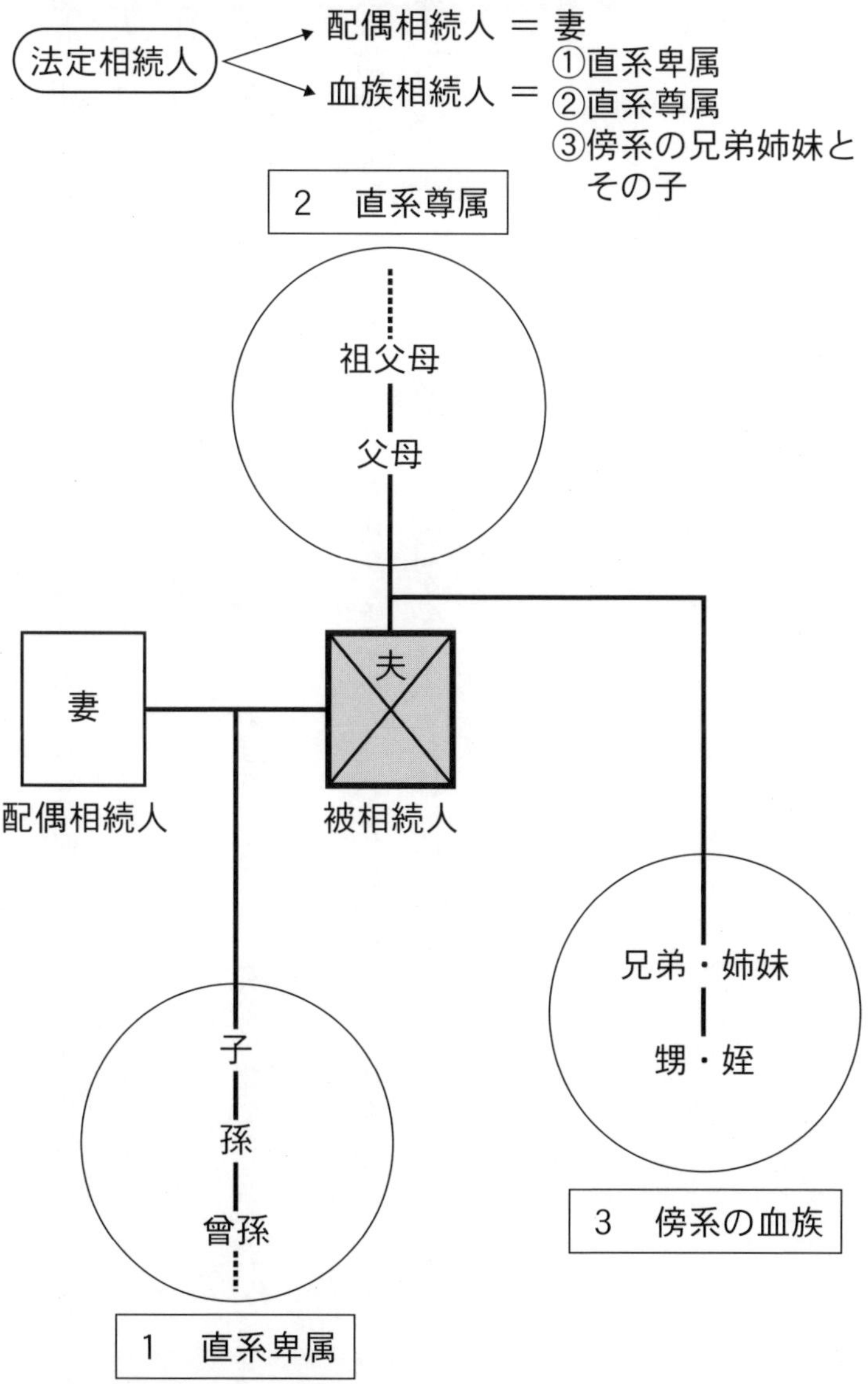
法定相続人
配偶相続人 ＝ 妻
血族相続人 ＝
①直系卑属
②直系尊属
③傍系の兄弟姉妹とその子
2　直系尊属
祖父母
父母
妻
夫
配偶相続人
被相続人
兄弟・姉妹
甥・姪
子
孫
曾孫
3　傍系の血族
1　直系卑属

■内縁の妻、養子、胎児、非嫡出子■

配偶者で相続人になれるのは、婚姻届を出している正式な配偶者に限られますので、内縁の妻や夫は相続人にはなれません。

養子は血のつながりがなくても、相続人になれます。

胎児は、生まれていなくても、相続人として認められます。ただし、死産の場合は相続人になれません。

正式な婚姻関係で生まれた子供を「嫡出子」といい、正式な婚姻関係にない男女間で生まれた子供を「非嫡出子」といいます。非嫡出子も認知を受けていれば、第一順位の相続人と認められます。

〈3〉相続権を失う場合

民法は、相続できる人を法定相続人として定めていますが、逆に相続できないようにする制度も設けています。その制度には相続の欠格と相続人の排除があります。

■ 相続人の欠格 ■

相続の欠格とは、相続人が「相続欠格事由」のいずれかに該当すると、自動的に相続人としての資格を喪失する、民法で規定する制度です。

たとえば、相続争いにからんで、被相続人を殺そうとしたり、遺言書を脅迫して書かせたり、偽造や変造した者は、社会の常識として、相続人としてはふさわしくないので、相続人にはなれません。

このことを、「相続人の欠格」といいます。

具体的には、次に掲げる事由に該当する場合です。

「相続欠格者」の定義

①	被相続人や自分より先順位または同順位にある相続人を故意に殺したり，殺そうとしたため刑に処せられた者
②	被相続人が殺されたことを知りながら，それを告訴，告発しなかった者
③	詐欺や脅迫をして，被相続人が遺言をしたり，その取り消しや変更をしようとするのを妨げた者
④	詐欺や脅迫をして，被相続人に遺言をさせたり，その取り消しや変更をさせた者
⑤	被相続人の遺言書を偽造したり，変造したり，破棄したり，隠匿した者

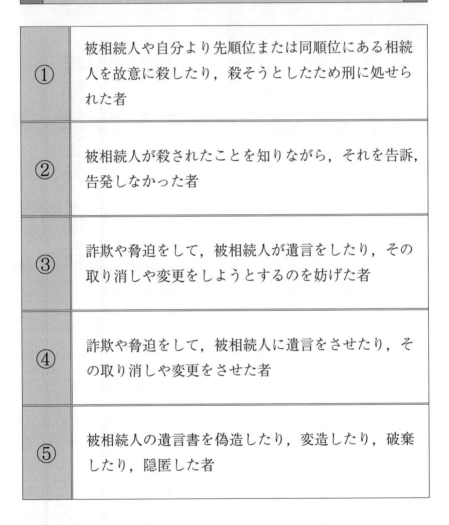

■相続人の排除■

次に「相続欠格」ほどの犯罪性はなくても、被相続人が虐待や侮辱を受けたり、相続人に著しい非行があったりした場合には、被相続人は家庭裁判所に申し立てて、相続人の資格を排除することができます。

この制度を「推定相続人の排除」といいます。この申し立ては、生前に行いますが、遺言書の中にその旨を書いても有効です。

また、一度申し立てした場合でも、相続人の素行が良くなった場合等で、また、相続権を復活させたい場合には、「排除の取り消し」を請求することができます。

〈4〉法定相続分とは？

原則的な場合

相続財産の分割については、民法上、一定のルールが定められています。そのルールを法定相続分といいます。法定相続分には、四つのパターンがあり、それぞれの相続分は次のようになります。

① 配偶者と子　配偶者　二分の一
子　二分の一

② 配偶者と直系尊属　配偶者　三分の二
直系尊属　三分の一

③ 配偶者と兄弟姉妹　配偶者　四分の三
兄弟姉妹　四分の一

④ 配偶者がなく、子、直系尊属、兄弟姉妹が複数いる場合　各自の相続分は等分

父母の一方のみを同じくする兄弟姉妹の相続分は父母の双方とも同じくする兄弟姉妹の二分の一とします。

■特殊な場合■

❶ 養子がいる場合

養子がいる場合は、養子も実子と（子供が親より早く亡くなって、その子、つまり孫を養子にした場合、その孫は子供としての相続分と）同じく、相続人としての身分が与えられ、実子と同じ相続分があります。

❷ 代襲相続

被相続人の子供が被相続人より先に亡くなっている場合に、亡くなった子供の相続権をその子である孫が引き継ぎます。このことを代襲相続といい、その相続の権利を取得する人を代襲相続人といいます。代襲相続人は、その親の相続分をそのまま引き継ぎ、代襲相続人が複数いる場合は、相続分は均等に按分されます。

❸ 非嫡出子

非嫡出子の法定相続分の取扱いが変わりました。以前は非嫡出子の法定相続分は嫡出子の二分の一とされていましたが、法のもとの平等の意味において憲法違反であるという裁判があり、平成二五年九月四日付の最高裁判所の決定（違憲決定）を受け、その趣旨を尊重し、平成二五年九月五日以降の申告（期限内申告、期限後申告、修正申告をいう）または処分により、相続税額が確定する場合は、非嫡出子も嫡出子と同じ法定相続分であるということになります。

〈5〉指定相続分と遺留分

■指定相続分■

相続財産の分割の原則は法定相続分になりますが、遺言を被相続人が作成している場合には、法定相続分にかかわらず、遺言に指定した相続分によることとなります。これを「指定相続分」といいます。遺言の種類、作成方法については、第4章で述べることとします。

■遺　留　分■

遺言での相続分の指定はできますが、法定相続人の相続分を全てゼロにすることはできません。遺言にかかわらず、一定割合の相続分を保証している制度があります。それを「遺留分」といいます。遺留分は次の区分によって、それぞれ定められています。

①	配偶者と子	配偶者	四分の一
		子	四分の一
②	配偶者と直系尊属	配偶者	三分の一
		直系尊属	六分の一
③	配偶者と兄弟姉妹	配偶者	二分の一
		兄弟姉妹	○
④	配偶者のみ		二分の一
⑤	直系尊属のみ		三分の一

一部の相続人のみに、相続分の指定があった場合には、他の相続人はその残りの遺産を法定相続分で分割することとなります。このように、遺言により財産を与えることを「遺贈」といいます。

《6》遺産分割をする方法

■協議による遺産分割■

相続が発生すると具体的な遺産分割をする必要がでてきます。民法上、遺産分割の基準は、相続財産の種類、性質、各相続人の年齢職業その他一切の事情を考慮して決めることになっています。遺言がなければ、遺産分割は、相続人間の話し合いで、自由に決められます。

遺産分割の方法は三種類あります。

一つ目は、遺産を現物のまま分割する方法で現物分割といい、原則的な方法です。

二つ目は、ある相続人が法定相続分を超えて相続した場合に、他の相続人に手持ちの現金を支払うことにより、遺産分割を行う方法です。この方法を代償分割といいます。たとえば、遺産がほとんど事業用資産で、長男が事業を引き継がなければならないようなケースで、他の兄弟には長男が自分の手持ちの現金を支払うことにより、事業の継続を図る場合には、有効な分割方法といえます。

三つ目は、遺産全てを売却して現金化して分割する方法で、換価分割といいます。遺産のほとんど

遺産分割協議書の例

遺産分割協議書

被相続人山田太郎の遺産については，同人の相続人の全員において分割協議を行った結果，各相続人がそれぞれ次のとおり遺産を分割し，取得することに決定した。

1．相続人山田一郎が取得する財産

⑴　東京都新宿区○○町１丁目７番５号　宅地250㎡

⑵　同所同番地所在　家屋番号10番

木造瓦葺２階建　居宅　床面積150㎡

⑶　⑵の居宅内にある家財一式

⑷　株式会社○○銀行の株式　10,000株

2．相続人山田二郎が取得する財産

⑴　株式会社○○工作所の株式　20,000株

⑵　○○銀行日本橋支店　定期預金　１口　5,000,000円

3．相続人鈴木花子が取得する財産

⑴　○○電工株式会社の株式　5,000株

⑵　○○住宅産業株式会社　第３回転換社債　券面額　3,000,000円

4．相続人山田一郎は，被相続人山田太郎の次の債務を承継する

⑴　○○銀行日本橋支店からの借入金　3,000,000円

上記のとおり相続人全員による遺産分割の協議が成立したので，これを証するため本書を作成し，各自署名押印する。

令和○年×月×日

東京都新宿区○○町１丁目７番５号　　相続人　山田一郎　㊞
東京都杉並区○○町５丁目８番３号　　相続人　山田二郎　㊞
神奈川県横浜市南区○○町５丁目２番地　　相続人　鈴木花子　㊞

が大規模な不動産の場合には有効な手段といえます。

協議により、遺産の分割が確定した場合には、右記のような、遺産分割協議書を作ります。遺産分割協議書の作り方は、作成方法の概要（251参照）で述べます。

■協議で分割できない場合■

遺産分割協議がまとまらない場合は、家庭裁判所の調停に入ります。調停とは、調停委員を加えた協議で、まとまれば調停調書を作成します。調停でも不調の場合には審判によることになります。

〈7〉相続するか放棄するか？

被相続人に借金がある場合には、そのまま相続すると遺産と一緒に債務も相続しないといけません。そこで、民法では、相続人が相続するかどうか、相続人の意思によることとし、その意思表示の方法として、「単純承認」、「限定承認」、「放棄」の中から、自由に選ぶことができます。

■単純承認■

被相続人の財産と債務を無条件に全部引き継ぐことを単純承認といいます。したがって、遺産より債務が多い場合には、自分の財産で返済しなければなりません。

なお、相続の開始があったことを知った日から三か月以内に、限定承認または、放棄をしなかった場合には、単純承認したとみなされますので注意が必要です。

■限定承認■

相続財産の範囲内の債務だけ引き継ぐ、ということを条件に相続を承認する方法を限定承認といいます。限定承認をするには、相続開始を知った日から三か月以内に相続人全員で家庭裁判所に申し出なければなりません。

■相続放棄■

相続人は、相続を承認するか、放棄するかは、自由に選択することができます。明らかに遺産より債務が多い場合には相続人は相続を放棄することが有利になります。相続放棄する場合は、相続開始を知った日から三か月以内に家庭裁判所に申し出なければなりません。

第2章　相続税のしくみ

〈1〉相続税のかかる財産、かからない財産
〈2〉相続税の計算のしくみ
〈3〉課税価格の計算
〈4〉相続税の総額の計算
〈5〉各人の納付税額の計算
〈6〉税額控除は有効に使おう
〈7〉相続税早見表で見ていこう

〈1〉相続税のかかる財産、かからない財産

■相続税のかかる財産■

相続税のかかる財産の主なものは、土地、建物の不動産です。相続財産の約八〇％を占めています。次に、①事業用動産、②有価証券、③預貯金、④家庭用財産、⑤書画骨董等があります。

以上の財産は原則的な相続財産と呼ばれるものです。この他に例外的に相続財産とされるものが二種類あります。民法上は、相続財産に含まれませんが、一つはその性質上、死亡に起因して取得する財産ということで、相続税法上の相続財産とみなされるものです。死亡保険金および死亡退職金などがあげられ、「みなし相続財産」と呼ばれています。

二つ目の例外は、三年以内に贈与された財産です。

贈与された財産には贈与税が課されますが、相続の開始直前に、相続人に多額の贈与をした場合には、相続税の課税回避につながるものとして、相続財産に加算して相続税を計算し、三年以内に納付した贈与税は控除するという制度です。この場合、配偶者の贈与税の特例の適用を受けた財産は含め

ずに、住宅取得資金の贈与の特例を受けた財産は含めることとなります。

■相続税のかからない財産■

相続発生時の財産は基本的に相続税が課されますが、一定の財産は相続税の非課税財産として、課税されません。

非課税財産として三種類に分類される一つは国民的感情に起因するものです。たとえば、墓地、墓石、祭具といった財産は課税すべきでないという考え方です。

二つ目は、公益性の見地から公益事業用の財産で公益事業に供することが確実な財産は非課税とされています。

三つ目は、社会政策的見地から生命保険金、死亡退職金、弔慰金等の一定額を非課税と規定しています。

また、非課税財産以外で相続財産から控除できるものとして、被相続人の「借金」などの債務は控除することができます。いわゆる「債務控除」です。

次に、相続時の葬式費用も慣行上、必ず発生しますので、債務ではありませんが、相続財産から控除することができます。

〈2〉相続税の計算のしくみ

相続税対策をするうえで、今現在、相続があったと仮定した場合、いくらの相続税がかかるのかを理解していないと、具体的な節税対策や納税対策をすることはできません。

そこで、実際に相続税を計算する必要があります。そのためにはまず、財産の把握と相続税評価をしなければなりませんが、相続税評価方法は、専門的になりますので、専門家にご相談ください。

ここでは、その評価額により、どのように相続税が計算されるかをみていきます。

相続税の計算は、次の三つのステップにより進めていきます。

相続税の計算のしくみがわかると、具体的な節税プランや、納税対策をすることができますので、よく理解するとよいでしょう。

■ 相続税の計算ステップ ■

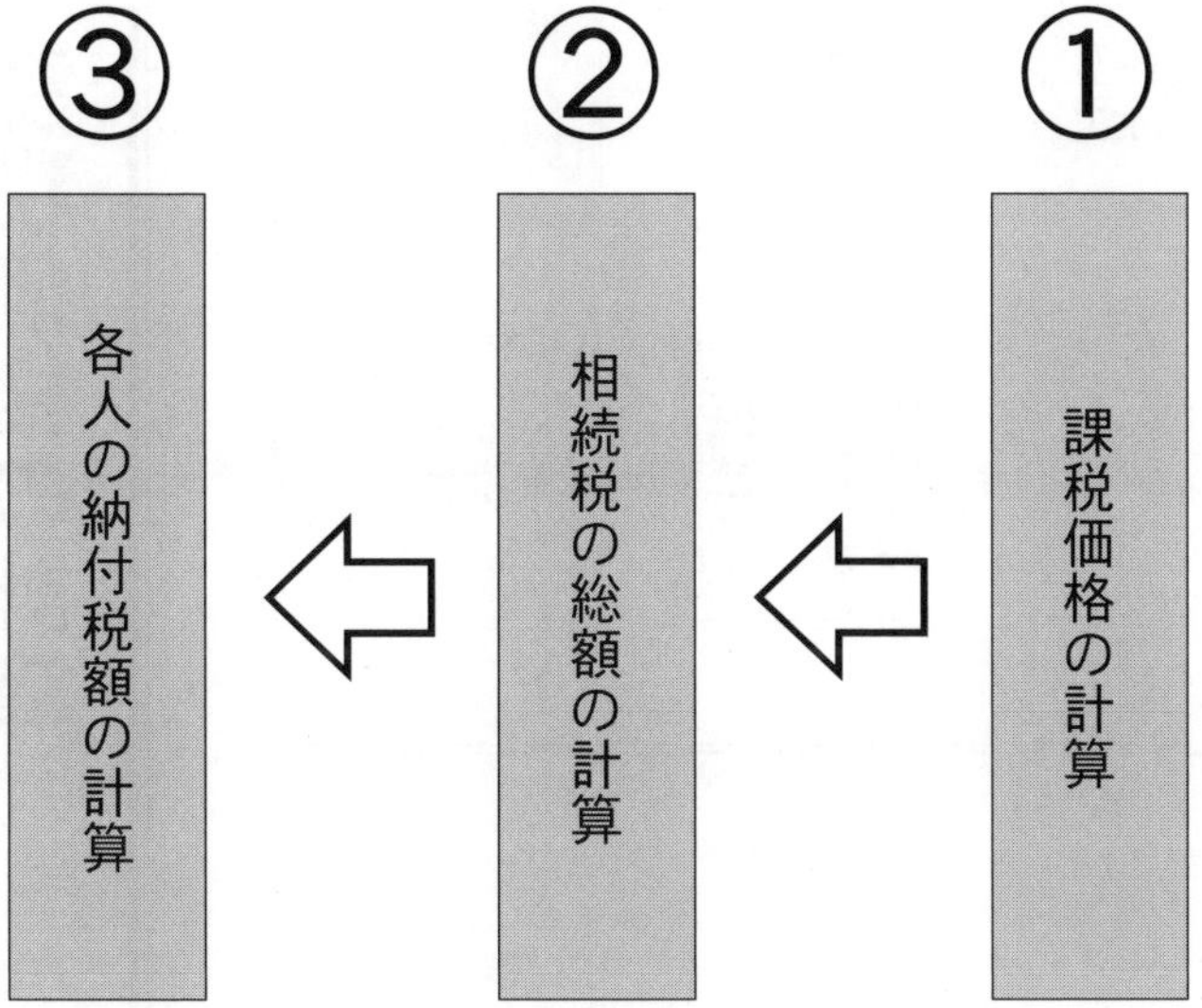
①
課税価格の計算
②
相続税の総額の計算
③
各人の納付税額の計算

《3》

課税価格の計算

■ 課税価格の計算式 ■

本来の相続財産 ＋ みなし相続財産 － 債務および葬式費用

＋ 相続開始前３年以内の贈与財産 ＝ 課税価格

相続税の「課税価格」とは、相続財産のうち、相続税の課税対象となるものをいいます。

課税価格の計算式は、上記のようになります。

この課税価格は、まず各相続人ごとに計算し、次に各人の計算された課税価格を合計して、「課税価格の合計額」を算出する方法をとります。

■本来の相続財産■

被相続人の所有していた不動産、有価証券、預貯金等の財産で、いわゆる「相続財産」といわれるものです。

これらの財産は、その相続時の時価評価をされるべきものですが、相続税法上は、一定の評価方法で、評価することにしています。そうして計算した金額を「相続税評価額」といいます。

■みなし相続財産■

相続財産には、本来の財産の他に、生命保険金、死亡退職金、生命保険契約に関する権利、定期金に関する権利等の相続財産とみなされるものがあります。それを「みなし相続財産」といいます。

みなし相続財産は、民法上の相続財産ではありませんので、法定相続分の計算や遺言による遺留分の計算上は考慮されません。

また、生命保険金と死亡退職金には、それぞれ五〇〇万円に法定相続人数を乗じた金額が非課税財産として、課税価格から差し引かれます。

■債務および葬式費用■

被相続人に借入金や未払金等の債務がある場合には、課税価格の計算上、相続財産から控除します。具体的には、金融機関からの借入金、資産等の購入代金の未払金、所得税・地方税等の未払金があります。また、葬式費用についても、相続人が負担した金額は、各人の課税価格の計算上差し引けます。ただし、通常の葬式費用に限定され、法要費用、墓地墓石の購入費等は、控除できません。

■相続開始前三年以内の贈与財産■

本来、相続税対策は、長期的視野で行うべきですが、被相続人の余命宣告を受けた場合には、かけ込みでも対策をしようとするのも無理からぬことです。そこで、短期的に行う方法として、生前贈与がよく使われます。

生前贈与は、相続対策としては、有効な手段の一つでありますが、被相続人の相続が起きる前に、多額の贈与を行い財産を移すことは、明らかに相続税の課税回避となります。そこで、死亡の日からさかのぼって三年以内の贈与額は相続財産に加算して、課税価格を計算することとしているのです。

また、その贈与財産に対して支払った贈与税額は、相続税の計算上、控除できます。これを、贈与税額控除といいます。

〈4〉相続税の総額の計算

これまでに説明した方法で算出した課税価格の合計額から基礎控除額を控除します。その金額を課税遺産総額といいます。基礎控除額の算式は、次のようになります。

課税遺産総額を法定相続人の各法定相続分で按分して、各相続人の法定相続財産を計算します。次にそれぞれの法定相続財産に次の相続税の税率を掛けて、各人の税額を計算します。税率は、次の「相続税の速算表」で算出します。その計算した税額を合計したのが、「相続税の総額」です。この場合、相続放棄した人がいても、放棄はなかったものとして計算します。つまり、相続放棄するかしないかにかかわらず、相続税の総額は変動させないということです。いままでの流れを表にすると次のようになります。

■ 相続税の税額の計算 ■

① 遺産にかかる基礎控除額を計算する

② 課税価格の合計額から基礎控除額を差し引いて、課税遺産総額を計算する

③ 課税遺産総額を基に、法定相続人の法定相続財産を計算する

④ 法定相続財産に税率を乗じて各人の税額を計算する

⑤ 各人の税額を合計して相続税の総額を計算する

■ 基礎控除額の計算式 ■

基礎控除額

＝

3,000万円

＋

600万円

×

法定相続人の数

■ 法定相続財産の計算式 ■

課税遺産総額×
- 法定相続人Ａの法定相続分＝Ａの法定相続財産
- 法定相続人Ｂの法定相続分＝Ｂの法定相続財産
- 法定相続人Ｃの法定相続分＝Ｃの法定相続財産

■ 相続税の総額の計算 ■

Aの法定相続財産×税率＝税額Ⓐ
Bの法定相続財産×税率＝税額Ⓑ
Cの法定相続財産×税率＝税額Ⓒ

Ⓐ＋Ⓑ＋Ⓒ＝相続税の総額

■ 相続税の速算表 ■

（平成27年以後適用）

取　得　金　額	税　率	控　除　額
1,000万円以下	10%	――
3,000万円以下	15%	50万円
5,000万円以下	20%	200万円
1億円以下	30%	700万円
2億円以下	40%	1,700万円
3億円以下	45%	2,700万円
6億円以下	50%	4,200万円
6億円超	55%	7,200万円

〈5〉各人の納付税額の計算

また、この相続税の総額がでても、これで各相続人の納付税額が決まるわけではありません。

相続税は、相続財産を相続人がどのように分割するかにかかわらず、まず最初に、この相続につき納付すべき相続税の総額を確定し、その合計税額を、各相続人が相続で取得した財産の按分割合で按分して、各相続人の税額を計算するという方法をとります。

■ 各人の相続税額 ■

相続税の総額×按分割合*＝各人の相続税額

※　按分割合＝$\dfrac{\text{各人が実際に相続により取得した財産の課税価格}}{\text{課税価格の合計額}}$

按分割合は小数点第2位まで求め，各人の合計が1になるように調整します。

■各人の相続税額■

各相続人の相続税額は、上記の式で計算します。

■相続税の二割加算■

各人の相続税の計算をしたうえで、次に該当する人以外で相続財産を取得した人は、前記で計算した相続税額の二〇％相当額を加算します。

① 被相続人の一親等の血族
② 被相続人の配偶者

ケースとしては、相続人が兄弟姉妹の場合や、孫が遺贈を受けた場合などが考えられます。

なお、二割加算後の税額がその人の課税価格の七〇％を超える場合には、課税価格の七〇％相当額が、各人の相続税額となります。

《6》 税額控除は有効に使おう

これまで述べてきた方法で算出した相続税からさらに控除できる制度が、「税額控除」です。

税額控除は六種類あり、控除できるものは全て活用して、税額を軽減させましょう。

■配偶者の税額軽減■

「配偶者の税額軽減」は、配偶者が法定相続分で相続を受けた場合は相続税の納付はなくなる、という制度です。

また、法定相続分を超えても、相続財産が一億六千万円以下であれば、納付税額はありません。

これを算式にすると、次のようになります。

つまり、相続人が配偶者と子の場合、課税財産の額により配偶者は次の金額を相続すると、一番節税効果があるといえます。

①　課税財産額三億二千万円以下
……一億六千万円相続

②　課税財産額三億二千万円超
……法定相続分（１／２）を相続

なお、配偶者の税額軽減は、申告期限までに遺産分割が、確定していることが要件となりますので注意が必要です。

■贈与税額控除■

相続人が、相続開始前三年以内に贈与を受けた財産は、相続財産に加えて、計算しなければなりません。また、その計算上、その贈与財産に対して課された贈与税額は相続税計算上、控除されます。具体的な算式は、次のようになります。

■未成年者控除■

相続人が未成年者である場合には、「一〇万円」に「その者が二〇歳に達するまでの年数」を乗じた金額を相続税額から控除します。未成年者控除額は、次の算式で計算します。

■ 配偶者の税額軽減 ■

配偶者の税額軽減額＝相続税の総額×$\dfrac{\text{Ⓐ と Ⓑ の少ない額}}{\text{純遺産総額}^{*}}$

Ⓐ　純遺産総額のうち配偶者の法定相続分（1億6,000万円に満たないときは1億6,000万円）

Ⓑ　配偶者の相続する純遺産総額（課税価格）

＊　財産から葬式費用，債務を差し引いたものに贈与財産価額を加えたもの，すなわち各人の課税価格の合計額

■ 贈与税額控除 ■

相続税額から差し引く額＝Ⓐ×$\dfrac{\text{Ⓓ}}{\text{Ⓑ}-\text{Ⓒ}}$

Ⓐ　被相続人から贈与を受けた年分の贈与税額

Ⓑ　その年分の贈与税の課税価格

Ⓒ　その年分の贈与税につき控除した贈与税の配偶者控除額

Ⓓ　相続税の課税価格に加算された贈与財産の価額

■ 未成年者控除 ■

10万円×（20歳－相続開始時の年齢*）＝未成年者控除額

＊　1年未満の端数は，1年とする。

■ 障害者控除 ■

10万円×（70歳－相続開始時の年齢*）＝一般障害者控除

20万円×（70歳－相続開始時の年齢*）＝特別障害者控除

＊　1年未満の端数は，1年とする。

■障害者控除■

相続人が、一般障害者（精神・身体に障害のある者）の場合には「一〇万円」に、特別障害者（精神・身体に重度の障害がある者）の場合には「二〇万円」に、「その者が八五歳に達するまでの年数」を乗じた金額を相続税額から控除します。障害者控除額は、前記の算式で計算します。

■相次相続控除■

一〇年以内に二回以上の相続がある場合に、前回の相続にかかった相続税の一定割合を、今回の相続税額から控除します。

■外国税額控除■

外国にある財産を相続して、その財産に対し、外国の相続税が課された場合には、国内においてはそれに対応する一定の税額を相続税額から控除します。

〈7〉相続税早見表で見ていこう

■すぐにあなたの相続税を予想できます■

あなたに今相続がおきたら、いくらの相続税がかかるか気になりませんか。
この早見表で一〇億円以下であれば、簡単に試算ができます。是非利用してください。

■ 法定相続人が配偶者と子の場合 ■

（単位：万円）

遺産総額		5,000万円	1億円	2億円	3億円	4億円	5億円	6億円	7億円	8億円	10億円
配偶者がいる場合	子供1人	40	385	1,670	3,460	5,460	7,605	9,855	12,250	14,750	19,750
	子供2人	10	315	1,350	2,860	4,610	6,555	8,680	10,870	13,120	17,810
	子供3人	0	262	1,217	2,539	4,154	5,962	7,837	9,884	12,134	16,634
	子供4人	0	225	1,125	2,350	3,850	5,500	7,375	9,300	11,300	15,650

■ 法定相続人が子のみの場合 ■

（単位：万円）

遺産総額		5,000万円	1億円	2億円	3億円	4億円	5億円	6億円	7億円	8億円	10億円
配偶者がいない場合	子供1人	160	1,220	4,860	9,180	14,000	19,000	24,000	29,320	34,820	45,820
	子供2人	80	770	3,340	6,920	10,920	15,120	19,710	24,500	29,500	39,500
	子供3人	19	629	2,459	5,460	8.979	12,979	16,980	21,239	25,739	34,999

※　遺産総額は基礎控除前の相続税の課税価格。

※　配偶者がいる場合は法定相続分で相続したものとして，配偶者に対する相続税の軽減額を適用している。

※　１万円未満は切り捨てている。

第3章 贈与税のしくみ

〈1〉贈与と贈与税
〈2〉みなし贈与財産
〈3〉贈与税のかからない財産
〈4〉贈与税の計算のしくみ
〈5〉贈与税の納付と申告

〈1〉 贈与と贈与税

■ 贈与とは ■

贈与とは、無償いわゆる「タダ」で財産を与えることをいいます。

ただし、一方的に与えるだけでは贈与は成立しません。与える方が贈与の意思表示をし、受ける方がそれを承諾したときに贈与が成立します。この贈与財産に対して贈与税が課税されます。

■ 贈与税が課税されるワケ ■

なぜ贈与税がかかるのか考えてみましょう。

相続で財産を取得した人には相続税が課税されます。その相続税を逃れるために、生前に相続人その他の親族に多額の財産を贈与した場合には、ほとんど相続税を納めなくてもよくなる可能性があります。明らかに相続税逃れです。

そこで、こういうことを防ぐ意味で、生前の贈与に対し、相続税の前払い、いわゆる相続税を補完する目的で課税されるものです。

したがって、相続税よりも課税最低限は低く、税率は高く設定されています。また、相続税の補完の意味からも、贈与税を納税する人は贈与を受けた人（受贈者）となります。

〈2〉 みなし贈与財産

贈与により課税されるのが贈与税ですが、実際に贈与されなくても実質的な経済的利益が贈与にあたる場合には、贈与があったものとみなされ、「みなし贈与財産」として課税するもので、次頁に掲げる財産がこれに該当します。

■ みなし贈与の種類 ■

	贈与により取得したとみなされる財産	贈与の時期
信託受益権	委託者以外の者を受託者とする信託行為があった場合の信託受益権	信託行為があったとき
生命保険金	満期等により取得した生命保険金等	保険事故が発生したとき
定期金	給付事由の発生により取得した定期金の受給権	定期金給付事由が発生したとき
低額譲受	低額譲受けにより受けた利益	財産を譲受けたとき
債務免除等	債務の免除，引受けなどにより受けた利益	債務の免除等があったとき
その他利益の享受	その他の事由により受けた経済的な利益	利益を受けたとき

《3》贈与税のかからない財産

このように、人から贈与を受けたり経済的利益を受けて、贈与とみなされる場合には、贈与税が課税されます。

ただし、贈与された財産の中には、相続税の補完という贈与税の性質上、または、公益性等の理由から贈与税がかからない財産、いわゆる「贈与税の非課税財産」というものが定められています。

① 相続税の補完という性質上の、非課税法人からの贈与（所得税課税）
　相続があった年に被相続人からの贈与（相続税課税）

② 国民感情を考慮した非課税
　親族間での生活費、教育費の贈与、仕送り
　香典、中元・歳暮等で、社会通念上、相当なもの

③ 公益性による非課税
　公益事業用財産

それを表にすると、次のようになります。

■ 贈与税のかからない財産 ■

法人から贈与を受けた財産	贈与額は全額非課税（ただし，一時所得として所得税がかかる）
親族間での生活費や教育費	生活費や教育費として通常必要と認められる範囲のもの
公益事業用財産	宗教，慈善，学術その他公益を目的とする事業を行う者で一定の要件に該当する者が取得し，公益を目的とする事業の用に供されることが確実なもの
心身障害者共済制度に基づく給付金の受給権	全額非課税
公職選挙の候補者が贈与により取得した財産	公職選挙法の規定により報告されているもの
特別障害者扶養信託契約に基づく信託受益権	6,000万円まで非課税
社交上必要と認められる香典，贈答品等	香典，花輪代，中元，歳暮等で，社会通念上相当と認められるもの
相続があった年に被相続人から贈与でもらった財産	贈与額は全額非課税 （ただし，相続税がかかる）
離婚による財産分与によりもらった財産	不当に多すぎる部分は課税 税金を免れる目的で離婚した場合は全額課税

〈4〉贈与税の計算のしくみ

これから贈与税の算出方法をみていきましょう。

贈与税は、その年の一月一日から一二月三一日までの間に贈与を受けた財産の合計額に課税されます。

次に、基礎控除一一〇万円を控除し、その金額に税率を乗じて算出したものが、贈与税額です。

したがって、贈与を受けた財産が一一〇万円以下の場合は、贈与税は課税されません。

また、ここでいう贈与財産の評価は、相続税と同じ方法で評価します。設例で贈与税の計算をすると、次のようになります。

《設　例》

平成26年の２月に父から現金500万円
５月に母から現金200万円
10月に祖父から株式300万円
を贈与されました。

①　課税価格（贈与を受けた財産の合計額）

500万円＋200万円＋300万円＝1,000万円

②　基礎控除

1,000万円－110万円＝890万円

③　速算表より，税率と控除額を求める

890万円の税率40％，控除額125万円

④　贈与税額の計算

890万円×40％－125万円＝231万円

■ 贈与税の計算式と速算表 ■

〔課税価格－基礎控除（110万円）〕×速算表の税率
－速算表の控除額

■ 速　算　表 ■

<直系尊属→20歳以上の場合>

基礎控除および配偶者控除後の受贈財産価格	税　率	控　除　額
200万円以下	10%	0円
400万円以下	15%	10万円
600万円以下	20%	30万円
1,000万円以下	30%	90万円
1,500万円以下	40%	190万円
3,000万円以下	45%	265万円
4,500万円以下	50%	415万円
4,500万円超	55%	640万円

<上記以外の通常の場合>

基礎控除および配偶者控除後の受贈財産価格	税　率	控　除　額
200万円以下	10%	0円
300万円以下	15%	10万円
400万円以下	20%	25万円
600万円以下	30%	65万円
1,000万円以下	40%	125万円
1,500万円以下	45%	175万円
3,000万円以下	50%	250万円
3,000万円超	55%	400万円

〈5〉

贈与税の申告と納付と申告

■申告をする人■

その年の一月一日から一二月三一日までの間に、贈与を受けた財産の合計額が一一〇万円を超える人は、贈与税の申告をしなければなりません。贈与をした人は、申告とは無関係です。

■申告書を提出する税務署■

贈与税の申告書を提出する税務署は、贈与を受けた人の住所地を所轄する税務署となります。

■ 延納の要件 ■

① 税額が10万円を超えること
② 期限までに金銭で一時に納付するのが困難であること
③ 申告期限までに延納申請書を提出すること
④ 担保を提供すること

（注） 税額が50万円未満で，かつ，延納期間が3年以下であるときには，担保を提供する必要がありません。

■ 申告期限 ■

贈与税の申告書は、贈与を受けた年の翌年二月一日から三月一五日までの間に提出しなければなりません。

■ 納　付 ■

贈与税の納付は、申告書の提出期限までに納付します。また、上記の要件を満たす場合には、最高二〇年の延納が認められています。その場合には、延納期間中は、延納税額に対して一定の利子税がかかります。

第4章　遺言について

〈1〉遺言は家族へのラブレター
〈2〉自筆証書遺言書とは？
〈3〉公正証書遺言書とは？
〈4〉秘密証書遺言書とは？
〈5〉家族にメッセージを残そう（付言の活用）

《1》遺言は家族へのラブレター

■遺言の必要性とその種類■

相続対策の一つの重要なポイントに「円満相続」があげられます。

相続税の節税対策や納税対策は、財産の総額に左右されますが、すべての人に共通の問題は、財産の金額にかかわらずいかに家族が円満に相続するかということです。

そこで「円満相続」のキーワードになるのが「遺言」なのです。親は当然家族に愛情を持っていますし、自分が亡くなって相続がおきても、皆が仲良く話し合ってくれると思っています。

ただ、現実は仲の良い兄弟姉妹でも遺産分割協議となると、その配偶者（夫または妻）も含めていろいろな家庭事情がからみ、遺産により取得する財産の種類や金額について揉めるケースを、いくつも経験しています。最悪のケースでは、家庭裁判所の「調停」となります。これでは、これからずっと兄弟姉妹は、法事も一緒に行うことのできない関係になります。そうなると一番悲しいのは、亡くなった親ではないでしょうか。

そうならない方法が「遺言」なのです。

「遺言」に抵抗のある方は多いようですが、「遺言は遺書じゃない」のです。「遺言は家族に対するラブレター」なのです。「遺言」があると遺留分を除いて、親の意思通りに（相続）遺産分割が行われ、円満に相続がされるのです。

是非、家族のためにも「遺言」を書くべきでしょう。

■遺言の種類■

ここでは、遺言書の種類と、それぞれの作成方法、メリット、デメリットをみていきたいと思います。

遺言書は大きく分けて、普通方式と特別方式の二つの方式があります。それぞれを表にすると、次のようになります。

特別方式の遺言は、普通方式の遺言をすることができないような特別な状況のときにのみ認められる方法で、一般的には普通方式の遺言となります。

ここでは、普通方式の遺言について詳しくみていきたいと思います。

■ 遺言の種類 ■

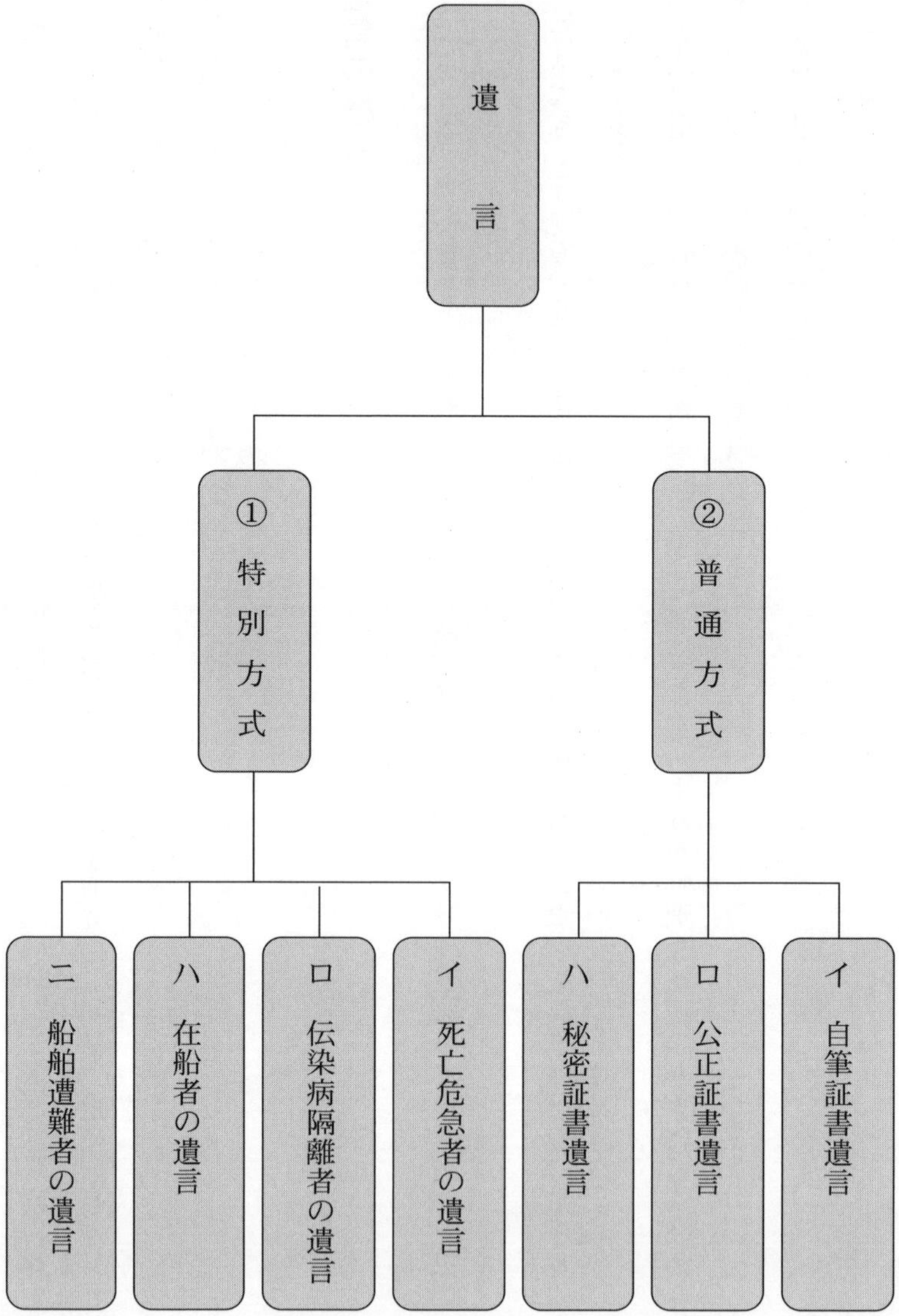
遺言
① 特別方式
② 普通方式
イ 自筆証書遺言
ロ 公正証書遺言
ハ 秘密証書遺言
イ 死亡危急者の遺言
ロ 伝染病隔離者の遺言
ハ 在船者の遺言
ニ 船舶遭難者の遺言

〈2〉自筆証書遺言書とは？

自筆証書遺言とは、遺言者本人が遺言を書き、署名、押印し、封をするという、最も知られている方法です。

この方法の遺言書作成の注意点とメリット、デメリットをみてみましょう。

■注意点■

① 自分で書く

内容、氏名、日付、全て自分で書きます。ワープロ、テープレコーダーは無効です。平成三一年一月一三日から、財産目録については、パソコンで作成できるようになりました。

② 日付は明確に

日付のない遺言書は無効です。ゴム印、日付印もダメです。必ず明確に、作成日を書きます。書き直しの場合は、一番新しい日付のものが有効となりますので、日付は非常に重要です。

③　自署、押印する

氏名は自署しますが、芸名、ペンネーム、通称でもかまいません。押印は実印、拇印、認印いずれも認められますが、実印が望ましいでしょう。

④　開封は家庭裁判所で

遺言は、必ずしも封印の必要はありませんが、遺言の性質上、封印が望ましいでしょう。封印のある遺言書は、家庭裁判所で相続人立会いのもとで開封されて、検認を受けなければなりません。

そこで、相続人全員が集まらないと相続手続きが前に進まないことになります。また、先妻の子、非嫡出子等の相続人が初めてそこで出合うことにもなり、気まずいことにもなりかねません。

■保管制度

令和二年七月一〇日から法務局で保管する制度が新設され、その制度を利用している場合には、家庭裁判所による検認が不要となりました。

■メリット■

①　費用がかからない

②　内容がだれにも知られず、秘密にできる
③　いつでも、すぐに簡単に書ける
④　証人がいらない

■デメリット■（保管制度を利用していない場合）

①　相続人全員が家庭裁判所に集合しなければならない
②　形式、要件が整ってないと、無効となる
③　紛失の危険がある
④　発見後、破棄、改ざん等の恐れがある

〈3〉公正証書遺言書とは?

自筆証書遺言は、簡単で費用もかからず、作成しやすい方法ですが、紛失、改ざん、破棄の危険等のデメリットもあります。

そこで、安全、確実な方法としてよく使われる遺言が、公正証書遺言書です。

公正証書遺言は、全国各地の公証役場に行き、公証人の前で財産目録、登記簿謄本等の明細資料、遺言者、推定相続人の戸籍謄本、印鑑証明等の書類を提出し、遺言内容を口述します。公証人から次回手続の日時の指示を受けますので、遺言者はそのときまでに、証人二人を用意しなければなりません。その後、公証人はその内容に沿って、公正証書遺言書を作成し、その二回目の手続時に遺言者と二名の証人の面前で、確認をとり、全員に署名押印（実印）してもらい、完成させます。

費用は、公証人手数料がかかります。ちなみに一億円の財産総額で四万三千円、三億円で九万五千円ですので、安全性、有効性からみても、それほど高額とはいえないと思います。

■メリット■

①　利用しやすい

　公証役場は全国にあり、公的機関なので安心で利用しやすく、老人ホームや病院にもすぐに出張してくれます。

②　安全性が高い

　公証人役場に保管されますので、紛失、改ざん、破棄の危険が少ない方法です。

③　有効性が高い

　公証人が作成するので要件不備で無効になることはありません。

④　検認がいらない

　公正証書遺言なので、家庭裁判所の検認はいりません。

■デメリット■

①　証人が二人以上必要

　証人は親族、利害関係者以外で二名以上用意しないといけません。ただし、有料で、公証役場で証人を用意してくれる制度もあります。

②　費用がかかる

自筆証書遺言は費用がかかりませんが、公正証書遺言は公証人手数料が財産額に応じてかかります。

〈4〉秘密証書遺言書とは？

自筆証書遺言は、秘密の保持はできますが、相続時に発見されない危険があります。公正証書遺言は、秘密の保持に難点があります。

そこで、秘密の保持と公証人、証人の立会いの両方の要件を満たす方法が秘密証書遺言です。

秘密証書遺言書を作成する手順は、次のとおりです。

■作成の手順■

① 遺言書の作成

まず、遺言書を書きます。代筆でもワープロでもかまいません。自署押印は、必ずしなければなりません。

② 封印をする

遺言書に押した印と同じ印で封印します。

③　公証人役場に行く
公証人役場に、証人二人と共に行き、遺言書を公証人に提出します。

④　公証人、証人の署名
公証人が遺言者に、遺言書であることを確認し、その旨を封筒に記載し、証人二人と共に、署名押印します。

⑤　遺言書の保管
遺言書は、公正証書遺言書と違い、自分で保管しなければなりません。

⑥　検認が必要
開封は、相続人立会いで、家庭裁判所で検認を受けなければなりません。

■メリット■

①　秘密性の保持

②　遺言書存在の明確化

■ **デメリット** ■

①　要件不備による無効の危険性
②　証人が二人以上必要
③　相続人全員を集めて、家庭裁判所で検認を受ける必要あり

《5》家族にメッセージを残そう（付言の活用）

■付言とは何？■

遺言はとても有効な手段ですが、遺言の内容に対して、相続人（家族）の中には不満を持つ人も出てきます。その場合、最悪のケースは「遺留分の減殺請求」を家庭裁判所に申し立てることになります。そうなると、兄弟姉妹間は一生没交渉になるでしょう。それはどうしても避けたいものです。そのために良い方法があります。

親が、遺言の最後に家族に対して「手紙」を書くことができるのです。このメッセージのことを「付言《ふげん》」といいます。

次の例のように、今までを振り返り、夫として妻への気持ち、父親として長年の子供たちへの想いを書き残すものです。

たとえば、父親としてどんな気持ちで、どのような形で育て上げ、援助し、見守ってきたのか等の、本当の気持ちを述べればよいのです。

その方法は簡単で、公証役場でその思いを述べるだけで、公証人が清書（口述筆記）してくれます。簡単で非常に有効な手段といえます。ちなみに費用はかかりません。

そんなメッセージを親からもらったら、普通の子供は遺留分請求などは、しなくなるでしょう。

■遺留分減殺請求■

遺留分（45頁）の減殺請求とは、遺言に書かれた内容が、遺留分を下回っている場合には、兄弟姉妹以外の相続人は、遺留分の侵害されている金額を、他の受遺者や相続人に請求することができます。これを「遺留分の減殺請求」といいます。この手続きは、遺留分権利者が相続の開始を知り、さらに遺留分の侵害していることを知った日から、一年以内に行わなければなりません。

■ 付言記載例 ■

付　言

私は、幸子というよき伴侶と、三人の素直なよい子供たちに恵まれて、幸せな人生を送ることができたと、心から感謝しています。

幸子には、二人で築いた住まいの土地と建物を残すことにしました。気兼ねなく、ゆっくりと老後を過ごしてもらいたいためです。

この土地と建物だけで、遺産の二分の一をはるかに超えると思いますが、三人の子供たちは、お母さんのことを思って遺留分を請求することのないようにしてください。いずれは三人のものになるのです。

一郎と二郎には、大学を卒業するまで父親としてできる限りの援助はしたつもりですが、花子には私の会社が倒産したり、その他いろいろな災難があったりして、大学にも行かせてやれなかったばかりか、私の長患いのために介護の苦労までさせてしまい、申し訳なく、心苦しく思っています。花子に対して、一郎や二郎よりも多くの現金を残してやることにしたのは、そういう気持ちからです、みな理解してください。ぜひこれからも仲良く暮らしてください。

幸子、一郎、二郎そして花子、よい人生を本当にありがとう。

PART2 相続対策編

第１章　小規模宅地等の評価の特例による相続対策
第２章　不動産による相続対策
第３章　自社株式の相続対策
第４章　生命保険による相続対策
第５章　生前贈与その他の相続税対策
第６章　相続時精算課税制度
第７章　信託制度（最新の相続対策）

第1章 小規模宅地等の評価の特例による相続対策

〈1〉小規模宅地等の評価の特例とは？
〈2〉特定事業用宅地の評価の特例とは？
〈3〉配偶者は無条件で減額できる
〈4〉居住用宅地で同居親族がいるケースは？
〈5〉居住用宅地で同居親族がいないケースは？
〈6〉貸付事業用宅地とは？
〈7〉老人ホーム・二世帯住宅の取扱いが変わった

〈1〉小規模宅地等の評価の特例とは？

小規模宅地等の特例の改正

相続財産のうち、一番生活に必要な資産で評価額が高いものは何でしょうか。

それは、自宅または事業（商売）で使っている土地といえます。

たとえば、自宅と老後資金だけの場合、相続があると、相続税の支払いのために自宅を売却しなければならなくなり、同居の配偶者や親族は生活の拠点を失うことになるのです。

事業用の土地も同様に事業ができなくなり、生活が維持できなくなります。そこで、国民の生活に重大な影響を及ぼす居住用と事業用に使われている土地のうち、一定面積の土地は非課税にするという制度が設けられています。

この制度のことを「小規模宅地等の特例」といいます。

この制度は約三〇年以上の歴史がありますが、以前は親が所有している自宅や事業用の土地であれば、一定面積は無条件に減額されていました。

ところが、平成二二年の相続税の改正でその内容が大きく変更され、この制度の適用条件が非常に厳しくなりました。

このことは、あまり世間では話題にもなっていません。気が付いたら大増税で、相続税が払えなくなる場合もたくさんでていますので、注意が必要です。

では、この「小規模宅地の特例」について、みていきましょう。

■適用面積と減額割合■

適用される宅地面積と減額割合は、事業用の場合四〇〇㎡までで八〇％の減額、貸付事業用の場合二〇〇㎡までで五〇％の減額、居住用宅地の場合三三〇㎡までで八〇％の減額というように、その利用形態で面積も減額割合も変わってきます。

■ 利用形態別適用面積減額割合 ■

宅　地　等		上限面積	軽減割合
事業用	事業用宅地	400㎡	▲80％
	貸付事業用	200㎡	▲50％
居住用	居住用宅地	330㎡ （改正前240㎡）	▲80％

■適用限度面積が変わった■

従来の規定は事業用四〇〇㎡と居住用二四〇㎡の両方あった場合の上限面積は四〇〇㎡（限定併用）でしたが、平成二七年一月以降の改正後は事業用四〇〇㎡と居住用三三〇㎡の両方の面積合算の七三〇㎡（完全併用）まで適用が可能となりました。

なお、貸付事業用宅地等の場合は、従来どおり限定併用になります。

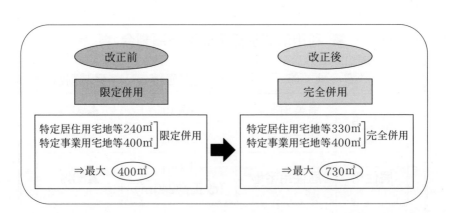

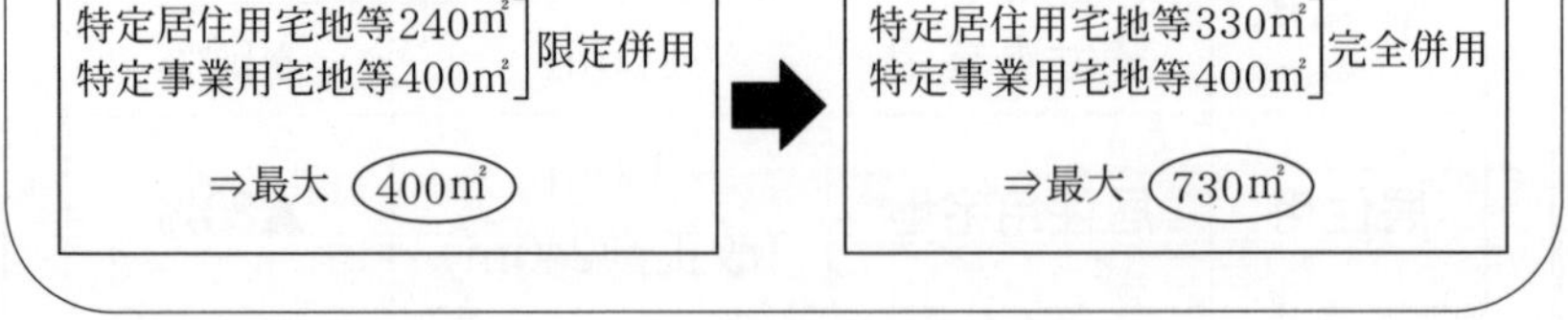

〈2〉特定事業用宅地の評価の特例とは?

事業用の土地については「特定事業用宅地」とよばれ、「小規模宅地等の特例」の制度の適用があり、四〇〇㎡まで八〇%の減額ができます。

以前は、一定面積は全額または五〇%課税されなかったのですが、現行制度は非常に厳しい要件があります。

たとえば、父親が都内で五〇年以上一〇〇坪(三三〇㎡)の土地で魚屋を営んでいました。

要件の一つとしては、その事業を相続人の誰かが引き継がないといけないということです。

つまり、息子がサラリーマンをしていた場合は、脱サラして魚屋を継がないとダメなのです。しかも、申告期限(相続から一〇か月間)までという条件付です。

もう一つは、所有継続要件です。

つまり、申告期限まで一〇か月間売却してもいけないという要件です。しかも、魚屋を引き継いで、そこを客が来そうな活魚料理店に形態変更しようとしても、この減額制度が使えないのです。

子供が娘しかいない場合には、現実的でない制度といえます。

このような現状ですので、現実的対策として相続前に業種変更または法人化等の事前対策が必要となってきます。

■改　正　点■

特定事業用宅地の適用対象を次のように見直します。

① 相続開始前三年以内に事業の用に使用した宅地を除外する
② ただし、その宅地の上で事業に使っている減価償却資産（建物等）の価額がその宅地の相続時の価額の一五％以上であれば、特例を適用する

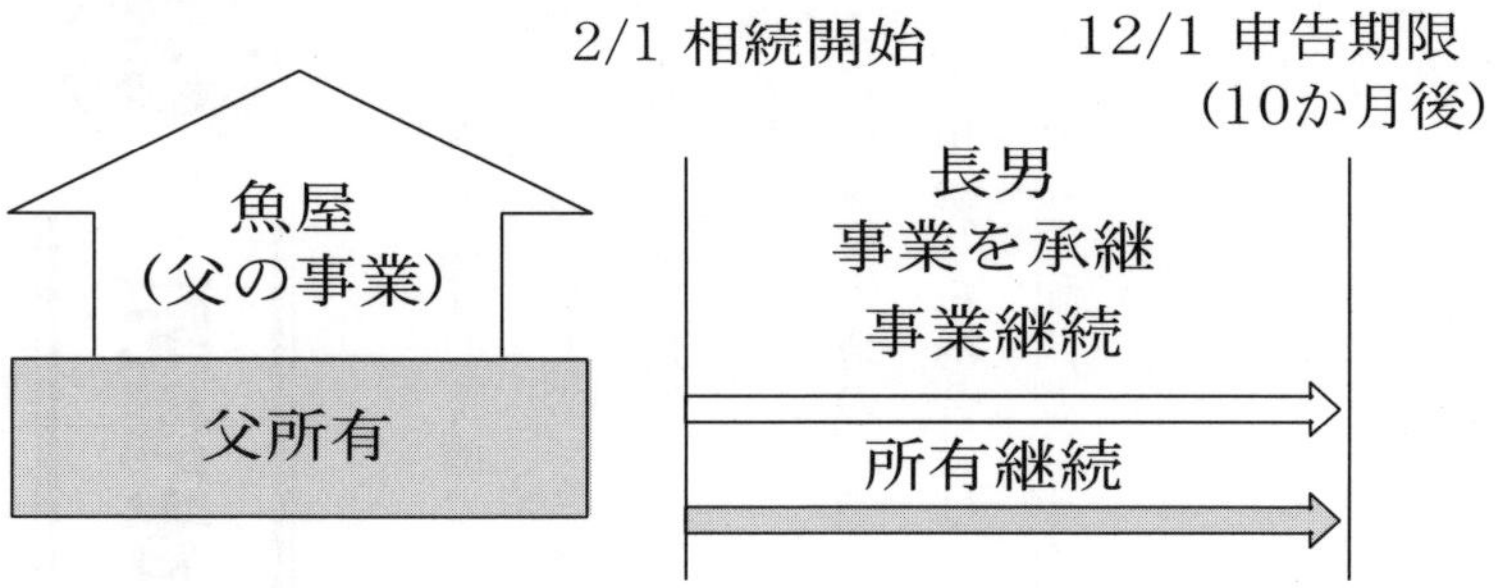

400㎡まで80％減額

＜要　件＞

イ　父（被相続人）の事業を，長男（相続人）が承継する（脱サラして，魚屋を継ぐ）

ロ　申告期限まで，売却をしない

ハ　申告期限まで，父の事業（魚屋）をやめない（事業継続）

ニ　商売替えをしない

　　すし屋 → ラーメン屋，魚屋 → 八百屋はダメ

＜ポイント＞

・不動産貸付業は該当せず

・不労所得はダメ

《3》配偶者は無条件で減額できる

小規模宅地等の特例で、自宅に使っていた土地に対する減額制度を適用する場合、誰が相続したかでその内容が変わってきます。

一番有利なのは奥さん（配偶者）が自宅を相続するケースで、三三〇㎡までの土地の評価を八〇％減額が使えます。

この小規模宅地の評価の特例は、子供が相続した場合はいろいろな制限がありますが、妻（または夫）が相続した場合には、すぐに転居しよう（住居要件）が売却しよう（所有要件）が、何の制約もありません。配偶者はオールマイティなので、「配偶者スペシャル」とよんでいます。

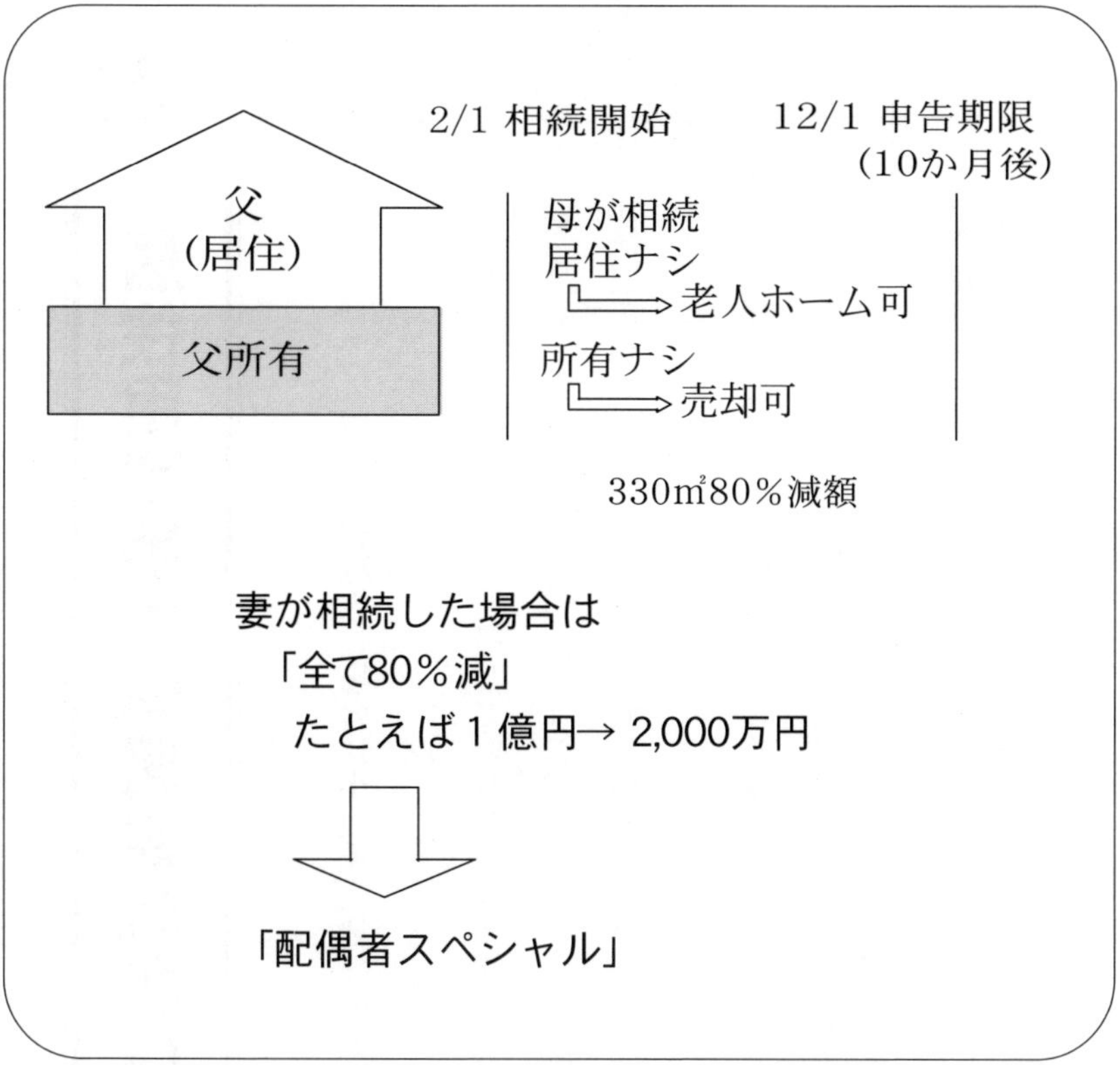
2/1 相続開始
12/1 申告期限
（10か月後）
父
（居住）
父所有
母が相続
居住ナシ
老人ホーム可
所有ナシ
売却可
330㎡80％減額
妻が相続した場合は
「全て80％減」
たとえば1億円→ 2,000万円
「配偶者スペシャル」

〈4〉居住用宅地で同居親族がいるケースは？

配偶者がいなく、子供だけが相続人の場合に小規模宅地の減額をうけるには、一定の要件が設けられています。

その代表的なものが、子供と親が同居しているという要件です。

「同居」の要件としては、生活の本拠がそこにあるかどうかで判断します。

たとえば、住民票を移し、家財道具や身の回りの物があり、公共料金も発生している等を満たす必要があるでしょう。

したがって、介護のために、半年間帰省して最期を看取った場合には、同居とみなされません。

その他にも、「居住要件」と「所有要件」の二つの要件があります。

「居住要件」とは、同居している相続人がその土地を相続し、引き続き相続税申告期限（一〇か月間）まで居住を続けるというものです。

「所有要件」とは、申告期限まで売却してはいけない、すなわち、所有を続けなければならないということです。

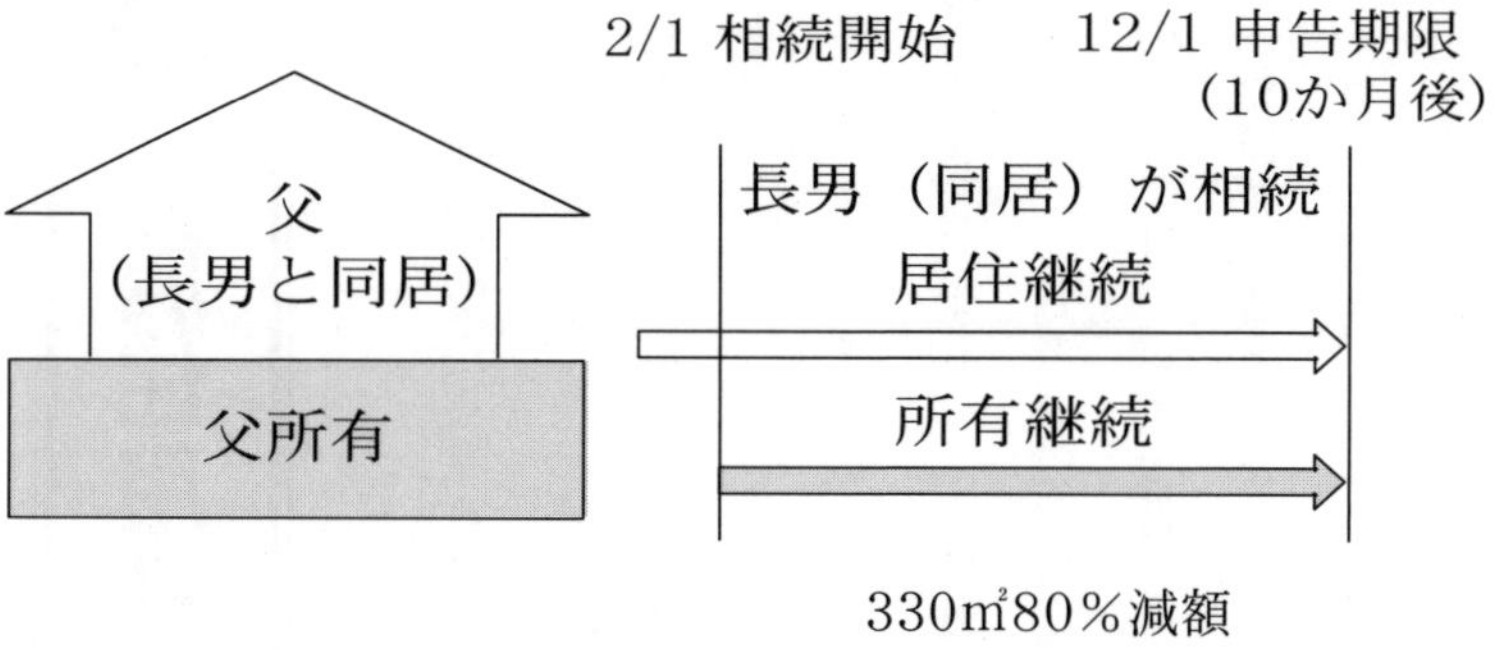

＜要　件＞

イ　相続前から父と同居する

ロ　相続後10か月は住み続けること

ハ　申告期限（10か月）までは，売却しないで所有する

＜ポイント＞

・同居の長男以外の相続人（次男）は減額できない（１億円で評価）

・介護のために，長女が長期間（半年位）居住していても同居にならない

〈5〉居住用宅地で同居親族がいないケースは？

現在の住宅状況から見れば、親と同居しているケースは非常に少ないといえます。

では、親と別居している場合の「小規模宅地の評価の特例」は、どのように扱われるでしょう。

親と別居している場合は、親の土地を相続した子供が、自宅（持ち家）を持っているかどうかで決まります。

つまり、自宅を持っている場合には、この特例は使えず、一〇〇％で課税され、持ち家がなく賃借している場合に限り、八〇％減額の特例が使えます。賃借している期間も、三年間以上という要件があり、かつ、配偶者名義の自宅も除かれます。

このケースは、自宅を持っていない相続人、いわゆる「家なき子」には、親からもらった自宅ぐらいは、相続税を課すのは止めようという趣旨でできた制度です。

ということで、この特例の要件には、相続人の居住の要件はなく、申告期限（命日から一〇か月間）は、売却しないという「所有要件」のみです。

■3年以内家なき子の改正点■

自己所有の自宅を親族や関連会社に売却して、従来と同じ自宅に住み続け、この特例を悪用することが多く見られたので、今回の改正がされました。

■除外要件■（平成三十年改正点）

次の二つの要件は、「家なき子」から除外されました。

① 相続開始前三年以内に、その者の三親等内の親族又はその者と特別な関係のある法人が有する国内に所在する家屋に居住したことがある者

② 相続開始時において居住の用に供していた家屋を過去に所有していたことがある者

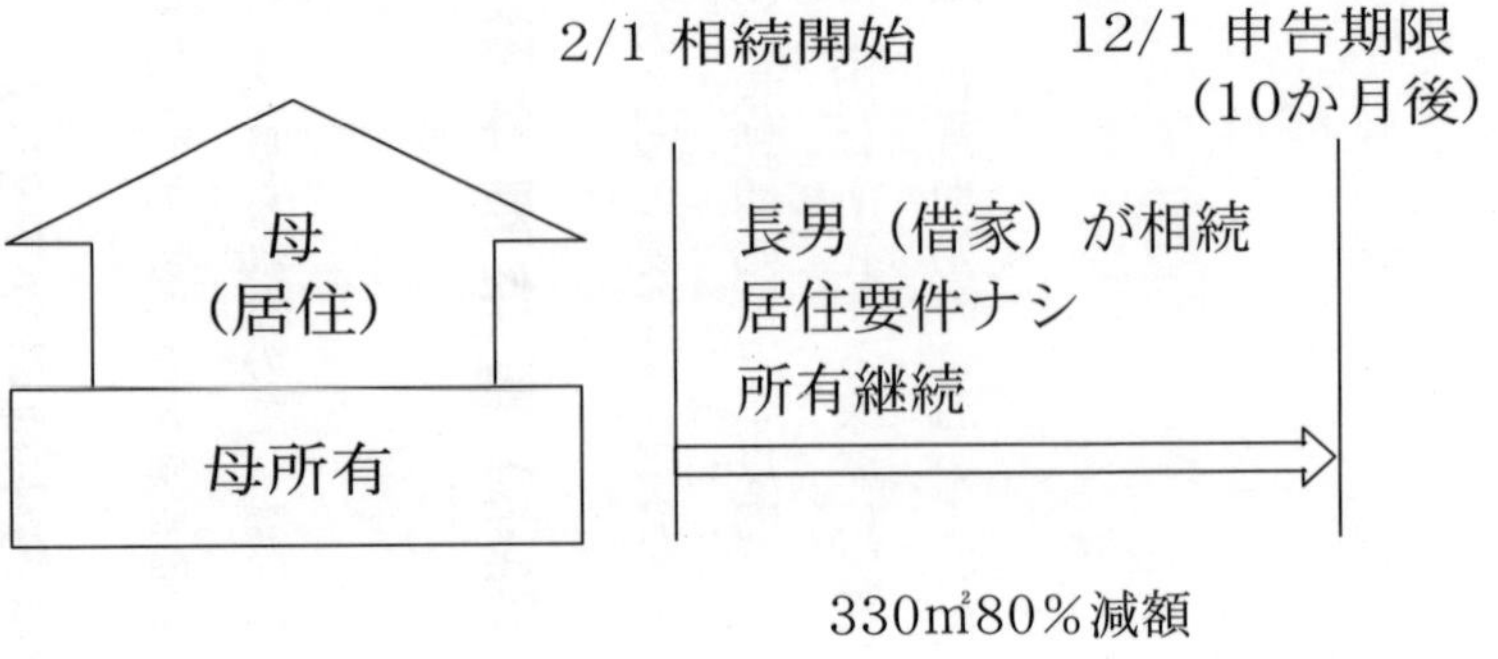

＜要　件＞

イ　配偶者および同居の親族がいないこと → 親が１人暮らし

ロ　相続した相続人（長男）が３年間自分の持ち家を所有していないこと → ３年間借家にいること

ハ　長男の妻名義の自宅もダメ

ニ　申告期限までは，売却しないで所有する

＜ポイント＞

長男（サラリーマン）が，定年後は実家に戻ることを想定

〈6〉貸付事業用宅地とは？

■貸付事業用宅地の内容■

事業用宅地の中でも不動産貸付に使用している土地については、小規模宅地の特例の内容が通常の事業用と違い、適用面積が二〇〇㎡までで、減額割合も五〇％と条件が厳しくなっています。また、適用要件として、父（被相続人）が不動産貸し付けを行っていて、長男（相続人）が相続する場合には、申告期限（相続後一〇か月）まで、貸付事業を継続し（事業継続要件）、売却しないで所有（所有要件）していなければなりません。

「相続開始前三年以内に、貸付事業の用に供された宅地等」が対象から除外されました（平成三〇年四月一日～）。

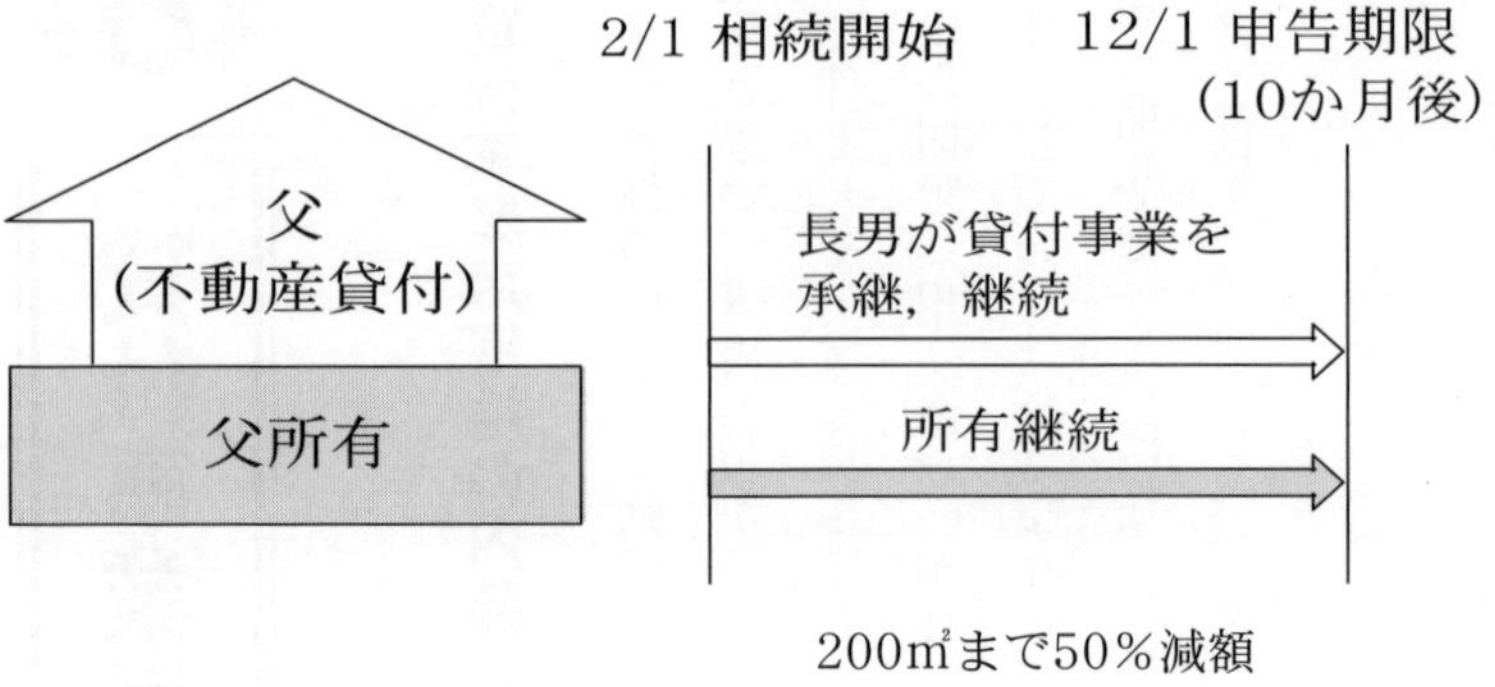

＜要　件＞

イ　父（被相続人）が，不動産貸付を行っている

　　　副業（小規模）でも可

ロ　長男（相続人）が，貸付事業を承継

　　　　　↓

　　　申告期限まで貸付を続ける

ハ　10か月（申告期限）まで，売却しない

　　　⇩

　　50％減額

〈7〉老人ホーム・二世帯住宅の取扱いが変わった

平成二一年の小規模宅地の評価の特例の改正で、老人ホームと二世帯住宅の取扱いが厳しくなり、国民にとっては大増税になっていたのが、平成二六年一月から、条件が緩和されました。

■老人ホーム■

自宅を持っているAさんは、完璧な相続税対策をして、遺言も書いて、子供たちに迷惑をかけたくないと二、〇〇〇万円で郊外の終身利用権付の老人ホームに入居しました。

Aさんは当然、自宅の土地（評価額一億円）は居住用宅地の八〇％減額（▲八、〇〇〇万円）が使えると思っていましたが、老人ホームに入居したことにより老人ホームが自宅とみなされ、自宅の評価額二、〇〇〇万円（一億円－八、〇〇〇万円）が更地評価（一億円）とされ、財産評価が八、〇〇〇万円アップし、相続税が大増税されることとなったのです。

このように、知らないうちに老人ホームに入居しただけで増税されるのは非常に問題があるということで、平成二六年一月から、一定要件で自宅として維持していれば自宅の減額が従来どおり適用できることになりました。

■二世帯住宅■

二世帯住宅の形態もいろいろありますが、大きく分けて、建物の構造上内部で親子二世帯の家族が行き来できる構造になっているケースと、玄関も出入口も完全に分離されているケースの二つがあります。

このうち、内部がつながっているケースは同居とみなされて、親の居住用の宅地について小規模宅地の減額（▲八〇％）が使えましたが、完全分離の場合は、減額が適用されずに一〇〇％評価で、多額の相続がかかっていたのです。二世帯住宅の単なる構造上の問題で、これだけ課税関係が変わるのは、非常に問題があるとされてきました。

そこで今回の改正により、国の住宅事情や国民感情を考慮して、構造にかかわらず、二世帯住宅も小規模宅地の減額の特例を適用できるようになりました。

■ 二世帯住宅の小規模宅地の特例 ■

＜内部で行き来できるケース＞

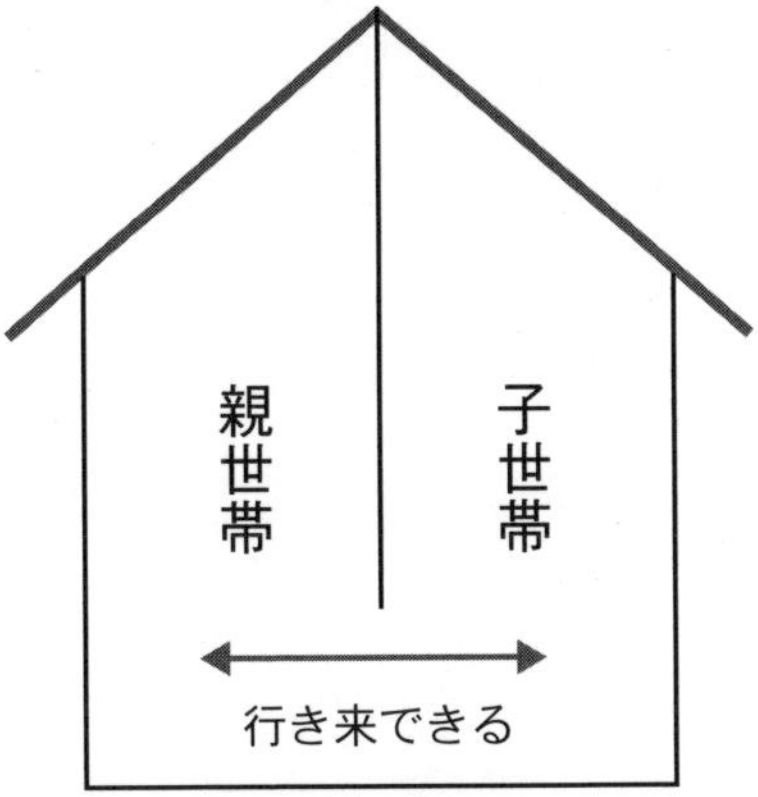

同居と認められる
小規模宅地の特例
適用有

＜内部で行き来できないケース＞

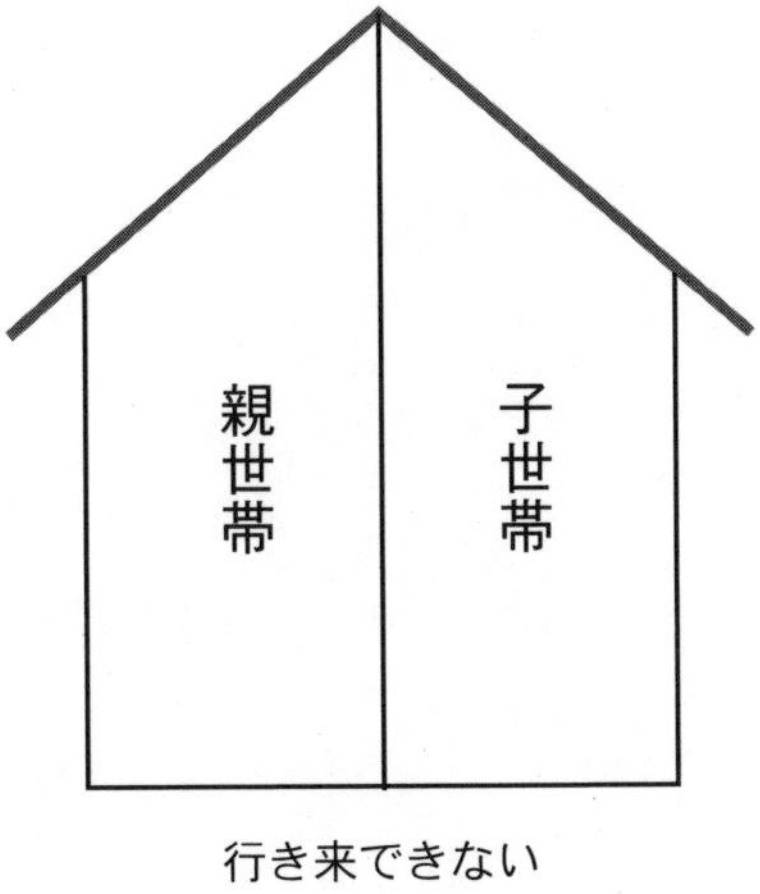

＜改正前＞
子は同居と認められない
小規模宅地の特例
適用ナシ

＜改正後＞
小規模宅地の特例
適用有

第2章 不動産による相続対策

〈1〉借入金でアパート、マンションを建てる
〈2〉ワンルームマンションで評価減
〈3〉底地と借地を交換する
〈4〉等価交換を利用する
〈5〉土地の利用区分を変更する

〈１〉借入金でアパート、マンションを建てる

被相続人が、まとまった規模の宅地を所有している場合で、貸家としての立地が良ければ、借入金でアパート、マンションを建築し、賃貸すると非常に有効な相続税対策の一つとなります。

この方法のメリット、デメリットをみていきましょう。

■メリット■

①　宅地が貸家建付地として評価される。借地権割合七〇％であれば、二一％減額される。

②　建物の相続税評価額は、固定資産税評価額（約六〇％）なので、四〇％の評価減がとれる。

③　さらに、貸家にすると、貸家の評価減（１－借家権割合）が受けられる。借家権割合が三〇％とすると、約七割の評価減となり、借入金との差額が節税効果となる。

④　固定資産税も居住用土地となり、一戸当たり六分の一（二〇〇㎡まで）、または三分の一（二〇〇㎡超）となり相当な減額が見込める。

⑤　将来的にも、家賃収入が見込まれ、納税資金対策になる。
⑥　金利、減価償却費等で、個人所得税の節税効果も期待できる。

■ デメリット ■

❶ 採算、立地の検討

アパートの立地が悪い所だと、入居者もなく、借入金の返済もままならず、相続対策どころではなくなる。

❷ 資金計画

その地域の賃料相場、入居状況、空室リスクを考慮した場合においても、借入返済可能か否かを十分に検討する必要がある。

次の設例のように、更地に借入金二億円でアパートを建てた場合には、土地の評価が貸家建付地の評価減（▲二一％）を使えて、建物の評価も固定資産税評価額（▲八、〇〇〇万円）となります。

さらに、借入金二億円はそのまま控除できますので、結果的に一億四、三〇〇万円の評価減となり、相続税の節税効果は五、五七〇万円になります。

《設　例》

> Ａさんは，自宅とその他に更地（300坪）をもっています。その更地に借入をして２億円のアパートを建築した場合の節税効果をみてみましょう。
> ・相 続 人……子供二人
> ・相続財産…自宅5,000万円
> 　　　　　　自宅の敷地１億円（150㎡）
> 　　　　　　更地３億円
> ・前提条件…アパートの相続税評価額１億２千万円
> 　　　　　　借地権割合‥70％
> 　　　　　　借家権割合‥30％

〈対　策　前〉

　　　　　　　自　宅　　自宅の敷地　小規模宅地の減額　更　地
評 価 額　5,000万円＋１億円×（１－80％）＋３億円＝370,000千円

　　　　　　　　　　　　　　　　基　礎　控　除
課税遺産総額　370,000千円－(3,000万円＋600万円×２)＝328,000千円

相続税額　$(328{,}000\text{千円}\times\frac{1}{2}\times40\%-17{,}000\text{千円})\times2\text{人}$

＝97,200千円……①

〈対　策　後〉

（▲21％）
　　　　　　　自　宅　　自宅の敷地　小規模宅地の減額　更　地　　貸家建付地
評 価 額　5,000万円＋１億円×（１－80％）＋３億円×（１－70％×30％）
（▲8,000万円）
　　　　　　アパート　　借入金
＋１億２千万円－２億円＝227,000千円（▲１億4,300万円）

　　　　　　　　　　　　　　　　基　礎　控　除
課税遺産総額　227,000千円－(3,000万円＋600万円×２)＝185,000千円

相続税額　$(185{,}000\text{千円}\times\frac{1}{2}\times30\%-7{,}000\text{千円})\times2\text{人}$

＝41,500千円……②

《節 税 効 果》

①－②＝5, 570万円

《2》ワンルームマンションで評価減

相続税節税対策のうち、不動産対策の有効な手段の一つにワンルームマンションの購入があげられます。

ワンルームマンションは、新築では二、〇〇〇万円以上しますが、中古であれば、一、〇〇〇万円台になりますので、中古ワンルームマンション（以下、中古ワンルーム　という）がおすすめです。

たとえば、現金一億円で、一、〇〇〇万円の中古ワンルームを一〇戸購入した場合には、中古ワンルームの相続税評価額は、下記のようになります。

つまり、中古ワンルームの相続税評価額は、マンションについている少しの土地の部分の評価額と中古マンションの建物の固定資産税評価額の合計となり、一、〇〇〇万円のマンションの評価額は、二〇〇万円～三〇〇万円程度に評価されます。

結果として、現金一億円で中古ワンルームを一〇戸購入した場合には、七〇％（七、〇〇〇万円）以上の評価減となるのです。

中古ワンルームの相続税評価額	＝	マンションの土地部分の評価額	＋	マンションの建物部分の固定資産税評価額

■設　例■

1,000万円のワンルームマンションの相続税評価

（土地の評価）
路線価で評価…①
↓
全体での持分割合で按分するので非常に小さくなる
（（持分割合の例）　$\frac{176}{10,000}$）

（建物の評価）
固定資産税評価額…②
実際の売買金額よりも非常に少額

相続税評価額　①＋②＝300万円（70％の評価減）
10個購入　300万円×10戸＝3,000万円 …………(1)
購入価額　1,000万円×10＝1億円 ………………(2)
節税効果　(2)－(1)＝7,000万円

しかも、一、〇〇〇万円台の物件なので購入しやすく、非常に大きな評価減がすぐにとれるのも、メリットといえます。

中古ワンルーム購入のメリットは、その他に三つあります。

❶ 遺産分割しやすい

同じマンションでも一億円のタワーマンションと一、〇〇〇万円が一〇戸のワンルームマンションとでは、遺言や遺産分割協議において、分割のし易さに差が出てきます。

一戸のタワーマンションの場合には、三人の相続人がいたならば、ほとんどのケースで「共有持分」いわゆるみんなで均等に所有している状態で相続することになります。

この「共有持分」の場合には、三人の兄弟で三分の一ずつ所有していますと、一〇年、二〇年後に譲渡するとか担保に入れたいとか、生前贈与したい等の状態になった時には、全員の同意と実印と印鑑証明書が必要になってきます。

また、何年か後に次の相続が発生すると、名義が細分化されてますます手続きが複雑になり、資産活用が困難になります。

日本中に、このような土地はたくさんあります。

このようなことを避けるために、中古ワンルームを何戸か持つと、分割も容易ですし、所有も単独所有になりますので、「共有持分」よりも優れているといえるでしょう。

❷ 年金効果がある

一定の現預金で中古ワンルームを購入した場合には、大事な老後資金がその部分不動産に代わるので、老後資金の心配をされる方があると思いますが、中古ワンルームは賃貸に出してもすぐに借り手があり、家賃が毎月入ってくるので年金効果もあり、老後資金として活用することができます。

一、〇〇〇万円台の中古ワンルームで家賃は六～七万円とれますから、毎月六〇～七〇万円の家賃が年金のように入ってくるので、老後資金として安心といえます。

❸ 換金性が高い

ワンルームマンションは、相続税の納税手段としても有効です。中古のワンルームマンションは、家賃が確実にとれますので、利回りが高く市場性があり、売却が比較的簡単にできます。その売却資金で、相続税を納付するということです。

ただし、ワンルームマンションの購入時の条件として、二つあげられます。

一つは立地がよいことです。たとえば、大都市のターミナル駅の近くであれば空室リスクが低くなり、資産価値が高いので、売却も容易になるのです。二つ目は、耐震構造であることです。数年前の東北の大震災のような地震の場合にでも、倒壊しない耐震構造のマンションを買うべきでしょう。

《3》底地と借地を交換する

古くからの地主さんは、都市部に広大な土地をお持ちですが、その土地の中には他人に借地として貸して地代を収受しているケースが多くみられます。

このような場合には、相続税対策上、さまざまな問題点が生じてきます。

■問題点■

① 土地の評価は底地のみであるが、土地高騰により、多額の相続税が生じている

② 借地人の権利が強いため、売却、有効利用等が容易にできない

③ 延納しても、地代収入が少ないため、納税が困難

そこで、解決策として、底地、借地の交換が考えられます。借地権割合が六割であれば、土地全体の所有権割合を、底地（四割）対借地（六割）をそれぞれ更地割合を四対六になるように底地の六割と借地の四割部分を交換します。図で示すと、次のようになります。

税金の区分

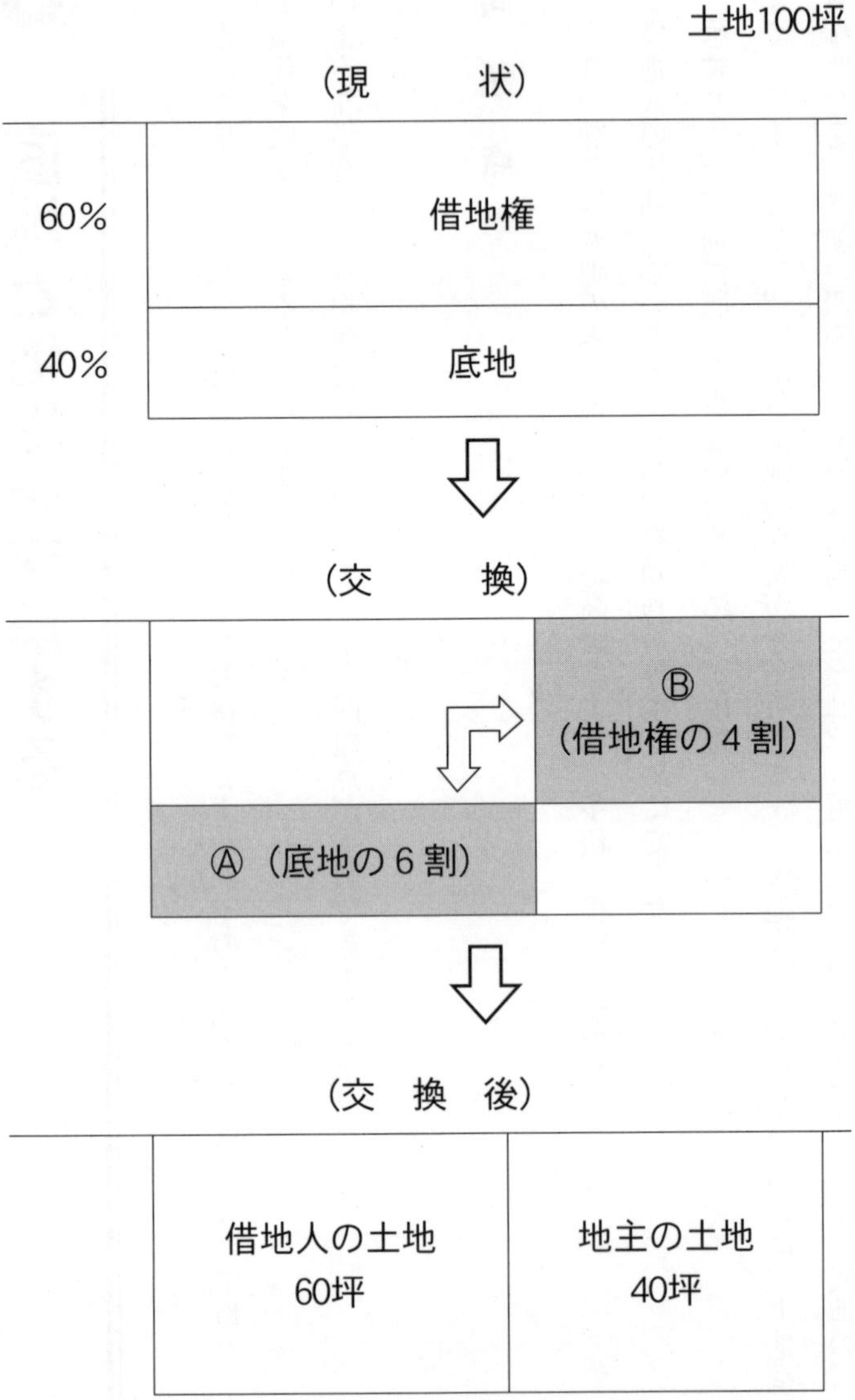
土地100坪
（現　　　状）
60％
借地権
40％
底地
（交　　　換）
Ⓑ
（借地権の４割）
Ⓐ（底地の６割）
（交　換　後）
借地人の土地
60坪
地主の土地
40坪

この方法を行うと、土地の売却、有効利用等で、地主の相続対策上、土地の売却、有効利用等ができますので、非常にやりやすくなります。

また、借地人も借地が更地に変わりますので、資産価値も上がり、担保として利用することも可能となります。ただ、双方の土地に対する考え方がそれぞれ違いますので、交渉は慎重に進める必要があります。

ところで、底地と、借地の交換は基本的には土地の譲渡とみなされます。ただし、一定の要件に該当する資産の交換については、「固定資産の交換の特例」があり、譲渡所得税は課税されません。そこで、この交換の特例を受けるための確定申告を忘れずにする必要があります。

《４》等価交換を利用する

■等価交換方式とは■

土地の有効活用というと、借入金を使って建物を建てるという方法が一般的とされています。しかし、高額な借入金の返済リスク、頭金等の多額の現金支出等の理由で、敬遠される方もいます。そのような方で、都市部にまとまった土地を所有している人に適切な方法が、「等価交換方式」です。

この方式は、土地所有者は土地を提供し、デベロッパーは建築費を全額負担し、賃貸マンションやビルを建築します。その後、土地の所有権の一部と建物の所有権の一部を等価になるように交換し合い、それぞれ土地については、共有持分、建物については、区分所有権として持ち合うという方法です。

具体例でみていきましょう。

■ 設　　例 ■

土地の価額　　　　　　　　　4億円
デベロッパーの建築費　　　　6億円

地　主　　土地の60%　　4億円×60%＝2.4億円
　　　　　　　　　　　　　　　↕ 交換
開発者　　建物の40%　　6億円×40%＝2.4億円

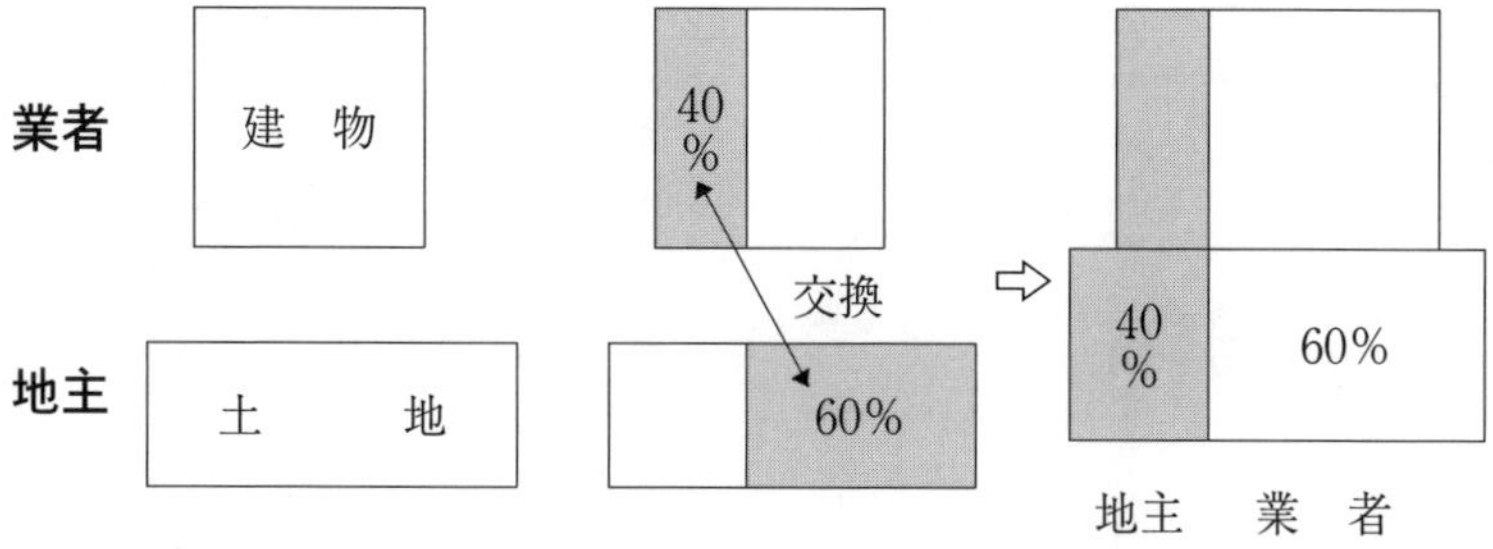

土地の60%部分（2.4億）と，建物の40%部分が等価になるので，交換することにより，全体の共有割合が，地主と開発業者で4：6となります。

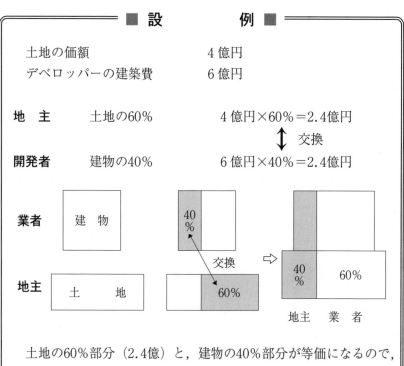

■メリットとデメリット■

次にこの方法のメリット、デメリットをみていきましょう。

❶ メリット

① 借入金が発生しない
② 頭金等の多額の現金支出を必要としない
③ 返済がないので、空室リスクを抑えられる
④ 設計等の手間を省ける
⑤ 土地が、貸家建付地および小規模宅地の減額が使え、評価減が図れる

❷ デメリット

① 交換比率、設計、建物土地の評価等で開発業者主導になりやすい
② 資産価値のある土地を手放すこととなる

■税金はかからない■

等価交換も原則として、土地を売却してその現金で建物を購入したとしてみなされるので、土地の売却益には、譲渡所得税がかかります。ただし、等価交換の特例として、一定要件を満たしていれば、譲渡所得税がかからないこととなっています。

その特例は、次の三種類となっています。

① 中高層耐火共同住宅の買換え
② 特定民間再開発事業の買換え
③ 特定事業用資産の買換え

〈5〉土地の利用区分を変更する

土地の評価方法は、基本的には路線価で評価されることとなっています。

また、二つ以上の路線価に面している土地は一番高い路線価をベースに評価されます。つまり、幹線道路に少しでも接していれば、全体がその高い路線の価で評価されるのです。

そこで、駅前駐車場等の広大な土地の場合には利用区分を二つに分けることによって、大幅な評価減を受けることが可能となります。

土地の評価はそれぞれの利用単位ごとに行いますので、駐車場だけの利用であれば、高い路線価の方はアパート等の貸家建付地および貸家の評価減を受けられる土地に区分変更し、裏の低い路線価の方は駐車場として残す等の方法が、非常に有効な節税対策となります。

設例としてみていきましょう。

《設　例》

次の場合の現状と対策後の土地の相続税評価額

① 二方路線影響加算率……0.05

② 奥行価格補正率は無視

③ 借地権割合…0.7　借家権割合…0.3

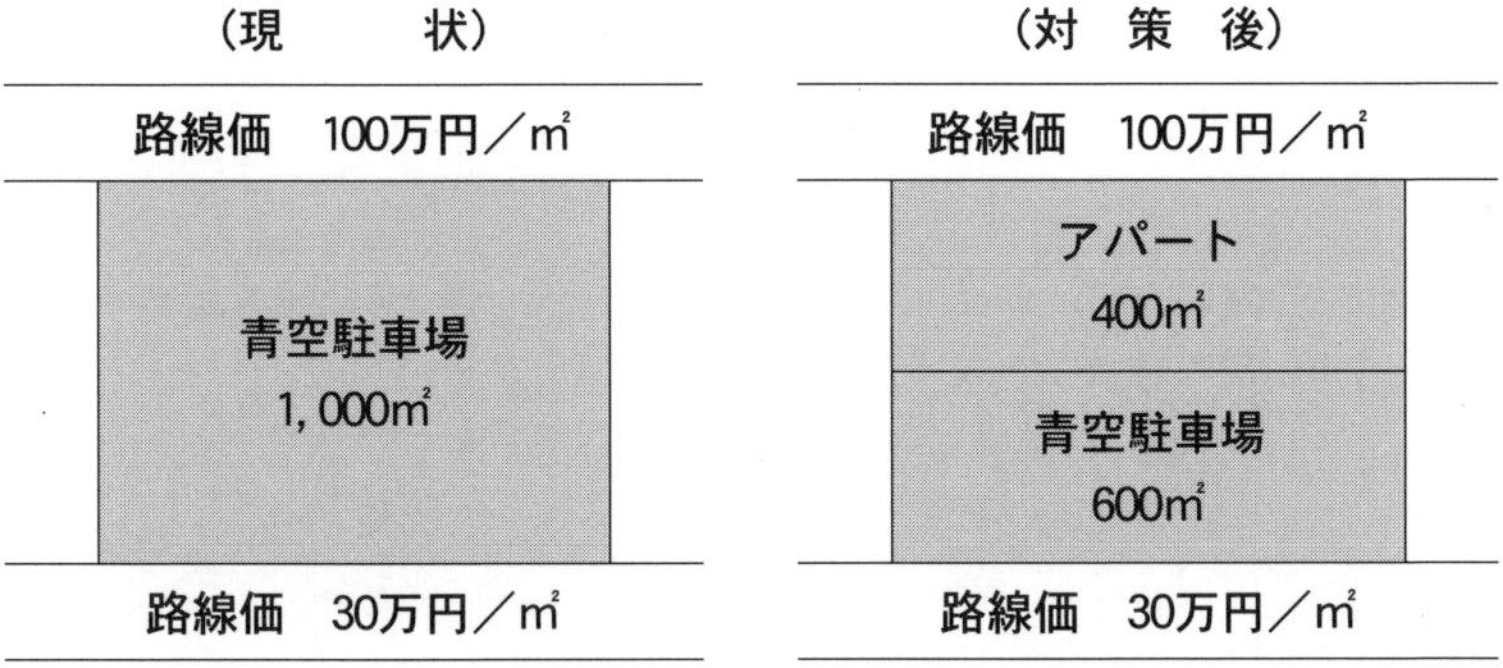

⑴ **現状の土地の相続税評価額**

　正面路線価　裏面路線価　二方路線価影響加算率

（100万円＋30万円×　0.05　）×1,000㎡＝1,015,000,000円

⑵ **対策後の土地の相続税評価額**

　アパート路線価　借地権割合　借家権割合　青空駐車場路線価

（100万円×400㎡）×（1－　0.7　×　0.3　）＋30万円×600㎡

＝496,000,000円

《節 税 効 果》

⑴－⑵＝519,000,000円（51％）

上記設例のように，青空駐車場のみの土地を，正面路線に面して賃貸アパートを建築し，一方の路線については引き続き駐車場として利用することにより，土地の評価額が半分以下（51％減）になり相当額の節税効果が期待できます。上記のように二つの路線価に差がある場合には，非常に有効な手段です。

第3章 自社株式の相続対策

〈1〉 自社株式の評価方法
〈2〉 自社株式の評価引き下げのポイント

〈1〉自社株式の評価方法

■概　要■

会社経営者の相続対策といえば、すなわち事業継承対策となります。その事業継承対策の重要な要素として、株の評価ができてきます。いわゆる「自社株の評価」です。自社株のうち上場企業でないものは、非上場株式（取引相場のない株式）と呼ばれています。

非上場株式の評価は非常に複雑ですが、事業継承対策の重要な部分ですので、これからわかりやすく説明していきましょう。

■評価方法■

❶ 評価の区分

非上場株式の評価は、次の三つのデータを使って行います。

①　類似業種比準価額

②　純資産価額

③　配当還元価額

具体的には、まず非上場会社の株式を相続や贈与によってもらった人が、その会社の同族株主（支配株主）になるか、少数株主（零細株主）になるかを判定します。

次に、同族株主の場合には、その会社を五種類の規模に分けます。これによって、どの評価方法をとるかが決まります。

株主を区分したうえに、さらに会社の規模も分けるというのは、いかにもやっかいなことです。しかし、非上場株という〝値〟のないものに価額をつけるには、いろいろな要素や条件を加味しなければならないのです。

その区分を示したのが、次の図です。

非上場株の評価区分

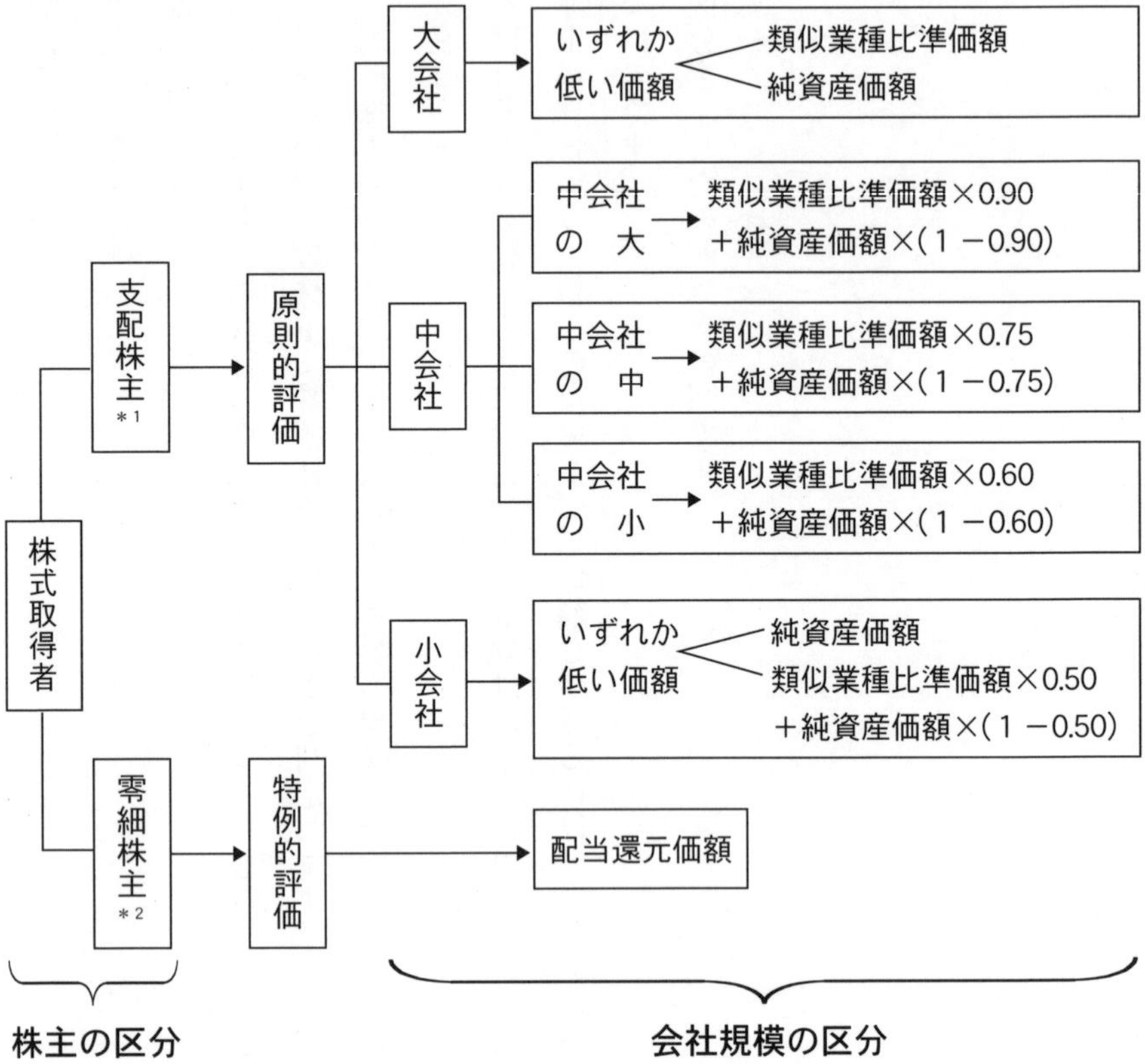

＊１　「支配株主」とは，持株割合が30％以上の株主グループ（１グループだけで50％超所有している場合は，その50％超の株主グループ）をいい，オーナー一族はほとんどこれに該当する。

＊２　「零細株主」とは，支配株主以外の持株割合が少ない者（たとえば従業員株主）という。

■ 株式の評価方式と株価の特徴 ■

類似業種比準価額	同業種の上場会社の株価を基とし，1株当たりの配当，利益，純資産の三要素を評価会社（自社）のそれぞれの実績値と比準させて評価する方法。 ただし，この価額が「純資産価額」を上回る場合には，純資産価額が上限となる（つまり，会社規模が大きいほど有利になる）。
純資産価額	評価会社の資産を相続税評価基準によって評価替えをし，これから負債を差し引いた金額（純資産額）を基にして評価する方法。土地などの含み資産が多いほど株価が高くなる。
配当還元価額	評価会社の株式の額面金額に，過去2年間の平均配当率を掛け，10％で割った金額を評価額とする方法。 評価額は「支配株主」の場合より低くなる。

❷ 会社規模の分け方

同族株主（支配株主）が、その株価を計算する場合、まずその会社を次の五種類の規模に分けます。

- 大会社
- 中会社
  - 中会社の大
  - 中会社の中
  - 中会社の小
- 小会社

会社の規模によって、それぞれ違った評価方法を取ろうということです。

五種類の規模は、次によって判定します。

① 従業員数
② 純資産価額（帳簿価額）
③ 取引金額（売上高）

会社規模の区分

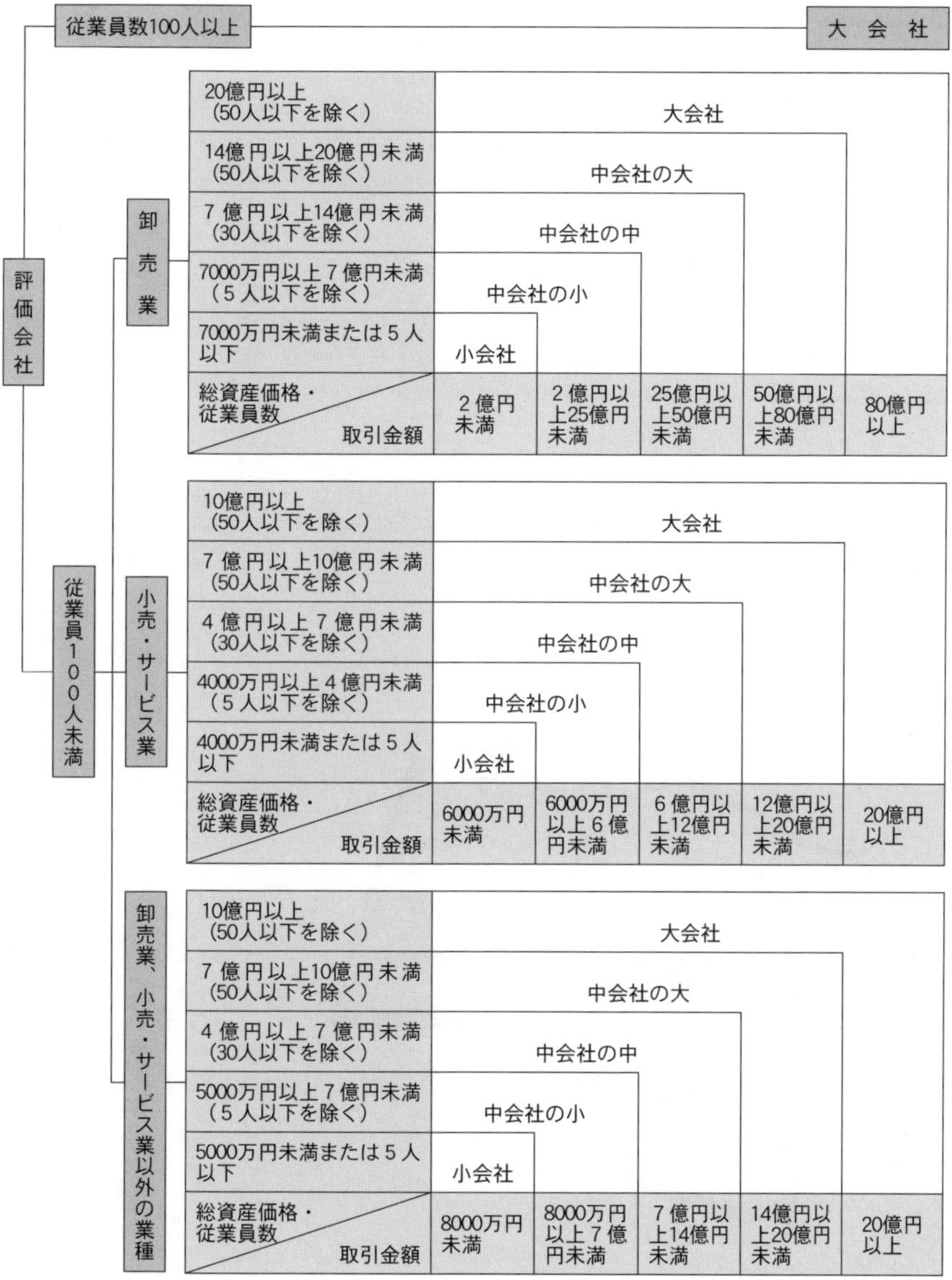
評価会社
従業員数100人以上
大　会　社
従業員100人未満
卸売業
20億円以上（50人以下を除く）
14億円以上20億円未満（50人以下を除く）
7億円以上14億円未満（30人以下を除く）
7000万円以上7億円未満（5人以下を除く）
7000万円未満または5人以下
総資産価格・従業員数
取引金額
2億円未満
2億円以上25億円未満
25億円以上50億円未満
50億円以上80億円未満
80億円以上
大会社
中会社の大
中会社の中
中会社の小
小会社
小売・サービス業
10億円以上（50人以下を除く）
7億円以上10億円未満（50人以下を除く）
4億円以上7億円未満（30人以下を除く）
4000万円以上4億円未満（5人以下を除く）
4000万円未満または5人以下
総資産価格・従業員数
取引金額
6000万円未満
6000万円以上6億円未満
6億円以上12億円未満
12億円以上20億円未満
20億円以上
大会社
中会社の大
中会社の中
中会社の小
小会社
卸売業、小売・サービス業以外の業種
10億円以上（50人以下を除く）
7億円以上10億円未満（50人以下を除く）
4億円以上7億円未満（30人以下を除く）
5000万円以上7億円未満（5人以下を除く）
5000万円未満または5人以下
総資産価格・従業員数
取引金額
8000万円未満
8000万円以上7億円未満
7億円以上14億円未満
14億円以上20億円未満
20億円以上
大会社
中会社の大
中会社の中
中会社の小
小会社

❸ 評価方式

■類似業種比準価額方式

この方式は、評価会社の業種に類似した上場会社の平均株価を基とし、これに株価の形成要素である「配当」「利益」「純資産価額」の三つの要素を加味した比準割合をかけて評価するものです。

算式を示すと、次のとおりです。

■ 類似業種比準価額方式 ■

$$\text{1株当たりの類似業種比準価額} = A \times \frac{\frac{b}{B} + \frac{c}{C} + \frac{d}{D}}{3} \times \text{斟酌率}$$

A：課税時期の属する月以前3か月間の各月の類似業種の株価または前年の平均株価のうち，最も低いもの
B：類似業種の1株当たりの配当金額
C：類似業種の1株当たりの年利益金額
D：類似業種の1株当たりの純資産価額（帳簿価額によって計算した金額）
b：評価会社の直前期末以前2年間の平均による1株当たりの配当金額
c：評価会社の直前期末以前1年間における1株当たりの利益金額
d：評価会社の直前期末における1株当たりの純資産価額（帳簿価額によって計算した金額）
（注）　算式における「斟酌率」は，大会社が0.7，中会社が0.6，小会社が0.5です。

■純資産価額方式

この方式は、評価会社が課税時期に所有している資産を、相続の評価基準によって評価替えをし、その合計額から負債の合計額を差し引いた金額、つまり相続税評価ベースによる純資産を求め、これを株価算定の基礎にしようというものです。

したがって、会社が土地等でのいわゆる含み資産を所有していると、含み益が大きければ大きいほど株価も高くなるしくみです。

■配当還元価額方式（オーナー一族以外）

最後に少数株主（零細株主）に適用される、配当還元価額方式をみてみましょう。これが最も簡単な方法です。

次の算式で株価を求めます。「年平均配当率」は前二年間の平均配当率です。

なお、配当率が五％未満であったり、無配のときは五％の配当があったものとして、計算することになっています。

■ 純資産価額方式 ■

1株当たりの純資産価額

$$= \frac{\text{資産の合計額}^{(注1)}\text{（相続税評価額）} - \text{負債の合計額}^{(注2)} - \text{評価差益に対する法人税等相当額}^{(注3)}}{\text{発行済株式数}}$$

（注1）　前払費用や繰延資産など資産性のないものは除きます。

（注2）　会社の負債として計上されていないものでも，前期分の法人税や事業税などの税金や配当金，利益処分による役員賞与などは負債とされます。ただし，退職給与引当金を除く引当金は負債とはしません。

（注3）　評価差益に対する法人税等相当額は，次の算式で計算します。

評価差益に対する法人税等相当額
＝{(相続税評価額による資産合計額－負債の合計額)
－(帳簿価額による資産の合計額－負債の合計額)}
×40％(平成26年4月から)

■ 配当還元価額方式 ■

$$1株当たりの配当還元価額 = \frac{\text{額面額} \times \text{年平均配当率}}{10\%}$$

〈2〉自社株式の評価引き下げのポイント

■会社の規模を大きくする■

非上場株の評価方法は、先に述べたように、会社の規模によって大きく変わります。オーナー等の支配株主では、次の三種類の評価方法が適用されます。

① 類似業種比準価額
② 純資産価額
③ ①と②の併用方式

一般的には類似業種比準価額の方が純資産価額より、低いとされています。したがって、140頁に掲げた表による評価の区分により、類似業種比準価額の比重の大きい会社、いわゆる「大会社」に近いほど、株価は低くなります。

また、前表（143頁参照）のとおり、会社の規模は、①取引金額（売上高）、②純資産額、③従業員数の基準により、大会社、中会社、小会社の判定を行うこととなります。したがって、取引金額

（売上高）を増加させる等の対策により、会社規模を大きくすることにより、株価を低くすることができます。

また、類似業種比準価額が純資産価額を上回った場合であっても、その場合は低い方の純資産価額で評価されますので、会社の規模を大きくして不利になるということはありません。

類似業種比準価額を下げる

類似業種比準価額の判定は、「配当」、「利益」、「簿価純資産」の三要素で行います。そこで、類似業種比準価額を下げるためには、その三要素のいずれかを下げる必要があります。

❶「配当」を下げる

「配当」は、直前二年間の平均値をとりますので、二年間無配にすることにより、「配当」の要素はゼロになります。

❷「利益」を下げる

「利益」は会社の決算における課税利益をベースに計算しますので、いわゆる、法人の節税対策が大いに効果を上げる要素となります。たとえば、役員退職金の活用が考えられます。

また、短期的、戦略的対策として、次のような方法が考えられます。

① 役員退職金を支払う
② 業績の悪い関係会社、子会社を合併する
③ 好収益部門を切り離して、後継者の会社に営業譲渡する

ここでは、①の役員退職金について具体的に検討していきましょう。
役員退職金には、二種類の形態があります。

■役員を退任しない方法

役員を実際に退任しなくても、次のいずれかの事実があり、役員としての地位や職務の内容が変わるなど、実際に退職したのと同様の事情があると認められるときは退職給与と認められることになります。

① 常勤役員が非常勤になったこと（代表権のある場合を除きます）
② 取締役が監査役になったこと
③ 報酬が分掌変更前の二分の一未満になったこと

また、非常勤や監査役になったとしても、その退職した役員が実質的に経営上主要な地位を占めていたり重要な意思決定をしていると認められる場合は、退職とは認められません。

■役員を退任する方法

もう一つは、実際に取締役や監査役を辞任する方法です。これには、任期満了で退任するか、任期の途中で退職する場合とがあります。

以上二つの方法のうち、有利なのはの役員を退任しない方法だと思われます。この方法だと、たとえば社長が非常勤の取締役になった時点で、それまでの勤続年数、功績倍率等を反映した、相当額の役員退職金が受け取れ、次に、死亡時には死亡退職金を受け取ることができ、退職手当金の非課税枠（法定相続人一人五〇〇万円）を利用することができます。

❸「簿価純資産」を下げる

最後に「簿価純資産」についてみてみましょう。簿価純資産は、資本金と会社が留保した利益の合計額をいいます。したがって、類似業種比準価額の三つの要素のうち、対策が最も困難な要素です。ただし、❷の利益対策をすることで、結果的に留保利益が減少しますので、前記の役員退職金の支給は「簿価純資産」を引き下げるうえにも有効な対策といえます。

■ 純資産価額を下げる ■

純資産価額方式による株価評価をするうえで、ここでいう、純資産価額とは、前記の「簿価純資産」

と違い、相続税評価上での評価額をいいます。すなわち、資産に含み益がある場合には株価が上昇します。この方式の株価対策としては資産の減少か負債の増加のいずれかということになります。有効な方法としては、取得価額より相続税評価額の方が低い資産を借入金によって購入することが考えられます。

たとえば、借入金で土地および建物を購入する方法です。土地は路線価で評価し、建物は固定資産税評価額で評価しますので、取得価額の三〇%〜四〇%は低い評価額となります。その借入金との差額は純資産の圧縮になります。仮に、一〇億円の借入で、土地建物を購入した場合には三億円から四億円の評価減が期待できます。

ただし、購入時から三年以内に相続等があった場合には、その資産は取得価額で評価されるので、早めの対策が必要となります。

第4章　生命保険による相続対策

〈1〉生命保険は相続対策のスタープレイヤー
〈2〉生命保険は非課税限度額を活用しよう
〈3〉生命保険で「争族」は解決
〈4〉生命保険金を相続財産にしない方法
〈5〉相続税対策に適した生命保険とは？

《1》生命保険は相続対策のスタープレイヤー

生命保険というと、みなさんは何を連想されますか。

真っ先に思い浮かべるのは、死亡した場合の保険金、いわゆる死亡保障ではないでしょうか。

たしかに、生命保険金の第一の機能として、死亡保障があげられますが、一方では、相続税対策としても、非常に有効な手段といえます。

相続税対策とは、「プロローグ」でふれましたが、①節税対策、②納税資金対策、③争族対策、の三つに分かれます。

相続税対策の代表的手法として考えられるものに、「不動産」を利用した対策があります。その代表的対策は、第1章でも述べましたが、貸家建付地、小規模宅地の減額等の評価減で、①節税対策はできますが、②納税資金対策、③争族対策には、不向きといえます。

また、地価下落で、借入して、不動産対策しても、空室リスクや、返済リスク等で、敬遠される可能性も高まっています。

生命保険は、次のように、相続税対策の全てのジャンルにおいて、マルチな能力をもった、「相続税対策上の」スタープレイヤーといえます。

①　節税対策（相続税評価額を下げる）

「生命保険の権利の評価」、生命保険料の贈与

②　納税資金対策

死亡保険金、退職手当金を利用

③　争族対策

死亡保険金、遺言、代償分割を利用

これからその内容についてみていきましょう。

〈2〉生命保険は非課税限度額を活用しよう

■生命保険の非課税限度額■

生命保険の一番の特徴は何といっても、死亡保障にあります。つまり、死亡時に多額の現金を受け取れるということです。

相続財産が自宅だけで、現金、預貯金があまりないケースはよくみかけられます。そのような場合、相続税が生じた場合には、自宅を売却するしかありません。そこで、生命保険に加入していれば、死亡保険金が入りますので、住みなれた自宅を売却しなくても、住み続けることができます。また、相続税法では、生命保険について、大きな特典があります。「生命保険金の非課税限度額」です。これは、受取生命保険金のうち、「五〇〇万円×法定相続人の数」については、非課税ということです。つまり、妻と子供三人という場合は、五〇〇万円×四人＝二千万円までは、相続税はかからないわけです。相続税の納付がある場合には、非課税限度額までの生命保険は加入すべきでしょう。

退職手当金の非課税限度額

「生命保険金の非課税限度額」の他にも、「非課税限度額」を定められているものがあります。それが、「退職手当金の非課税限度額」です

これは、被相続人が、死亡時に在籍していた会社から死亡退職金を受け取った場合、生命保険金と同様に「五〇〇万円×法定相続人の数」については、非課税とされるというものです。基本的には、サラリーマンの場合、勤務先の会社から死亡退職金を受け取った場合に適用されますが、被相続人がオーナー社長の場合には、生命保険と組み合わせて積極的に相続税対策に活用することができます。

これからその方法を説明していきましょう。

① 会社が、社長を被保険者、受取人を会社、とした生命保険に加入する

② 相続時に会社に死亡保険金が入る

③ 会社は遺族（相続人）に、死亡退職金を支給する

④ 遺族は「退職手当金の非課税限度額」を控除して、相続税を申告納付する。

このように、オーナー社長であれば、課税上は、法人、個人の別人格であるが、実質上は、オーナーである個人が、法人を経営支配しているので、相続税対策上は、個人としての「生命保険金の非課税限度額」と法人契約の生命保険金を原資として支給される、死亡退職金（退職手当金）についても「退職手当金の非課税限度額」の両方活用できます。また、その保険が定期性の生命保険である場

合は、法人の経費となるので、法人税の節税効果も期待できます。妻と子供三人で法定相続人四人の場合は、五〇〇万円×四人×二＝四千万円が非課税となります。是非、活用されるべきでしょう。また、賃貸不動産を多くお持ちの個人の方は、所得税の節税対策目的で、その個人が役員の不動産管理会社を設立するのも一つの有効な方法です。その会社に個人から適正な管理手数料を支払い、その法人でその役員に保険をかけます。そして、死亡時に法人が死亡退職金を受け取り、遺族に退職手当金を支給した場合には、前記のオーナー社長の場合と同様の非課税を二倍に活用することができます。

《設　例》

被相続人…父（会社経営者・50歳）　　相続人…妻・子供３人

＜対策前＞

＜相続財産＞

不　動　産	2億5,000万円
自　社　株	3億円
預　貯　金	5,000万円
相　続　税	7,837万円

現金不足額	2,837万円

法人の経営者は，自社株の評価額が多い場合には現金資産が相対的に減り，現状では，納税資金が2,837万円不足する。

＜対策後＞

＜保険加入＞

個人契約保険	契 約 者…………父 被保険者…………父 保険金受取人……子供 保 険 金…………7,000万円 相続財産…………7,000万円－500万円×４＝5,000万円
法人契約保険	契 約 者…………法人 被保険者…………父（社長） 保険金受取人……法人 保 険 金…………7,000万円（死亡退職金として支給） 相続財産…………7,000万円－500万円×４＝5,000万円

この場合，相続財産は5,000万円＋5,000万円で１億円となるが，現金は7,000万円＋7,000万円で１億4,000万円の増加となります。

相　続　税　9,885万円	＜	現金・預貯金　1億9,000万円

＜結　論＞

・個人が保険に入ると非課税限度額が利用でき，直接納税資金が増えます。

・法人の経営者は，法人契約の生命保険に入ることにより，相続時には法人に保険金が入り，被相続人には死亡退職金として支給され，退職手当金の非課税限度額が別枠で利用できます。

〈3〉生命保険で「争族」は解決

生命保険は、納税資金対策や、節税対策だけでなく、遺産分割のトラブル回避においても、威力を発揮します。いわゆる「争族対策」です。

相続が起きても、遺産が自宅のみ、という場合は、「小規模宅地の特例」（１０２頁参照）や、基礎控除でほとんど相続税は心配いりません。問題なのは、遺産分割です。どのような規模の相続でも、遺産分割は発生します。しかも、すべて親子間、兄弟間の問題となり、トラブルとなると、一生気まずい関係になりますので、絶対に「争族」は避けなければなりません。

「争族」の主な原因としては、分割する財産が、自宅のみ、というように、財産の種類が少ないということがあげられます。

被相続人（父）の相続財産は、自宅のみで評価額が八千万円で、相続人は長男（父と同居）と次男の二人だけというケースです。長男は、長年父の面倒をみてきたので、自宅を相続したいと主張します。次男は、「兄貴の苦労もわかるけど、法定相続分の四千万円は、法律上、保障されている権利だから、自宅を売って分割しよう」と、主張したとします。

これでは、兄弟間の話し合いは、決裂するでしょう。このようなケースの解決策は、「生命保険」です。

父が被保険者となり、保険金四千万円の生命保険に入り、受取人を長男とします。次に、父は遺言を作成します。その内容は、「自宅は長男に相続させる」というものです。

ここでポイントになるのは、生命保険はみなし相続財産であり、民法上の相続財産ではないということです。したがって、本来の民法上の財産のみ記載する遺産分割協議書や遺言書には記載されません。そこで遺言により遺留分を侵された場合の遺留分の減殺請求を行う場合にも、生命保険は対象外となります。

相続発生時には、次男は、法定相続分（八千万円×1／2＝四千万円）は主張できませんが、遺留分（四千万円×1／2＝二千万円）を主張する（43頁参照）かもしれません。そこで、長男は、次男に遺留分（二千万円）以上の現金を、支払うことにすれば、兄弟間のトラブルは確実に避けられるでしょう。

■代償分割■

このように、相続人が、他の相続人に自分の財産から遺産相続に代えて支払うことを、「代償分割」といいます。その原資として、生命保険が活用できるのです。

※ **注意点**

生命保険の受取人は、次男にしてはいけません。生命保険金は、民法上の相続財産でないので、次男から自宅の分割を要求される可能性があり、「争族対策」になりません。

〈4〉生命保険金を相続財産にしない方法

被相続人（親）が、自分自身を被保険者とする生命保険に加入し、受取人が相続人（子）であれば、受け取った生命保険金は相続財産とみなされて、相続税が課されます。しかし、被保険者が被相続人（親）で、保険受取人と保険料支払者が同じ相続人（子）というケースであれば、受取死亡保険金は、相続人（子）の一時所得となります。つまり、被保険者、受取人、保険料負担者という生命保険の形態が変わると、課税形態が変わるということです。

これをまとめると、次の表のようになります。

このように、子供が親に保険金をかけると、その死亡保険金は相続税の対象となりません。

さて、どちらの方法が有利なのでしょう。それには、相続財産の規模によって、変わってきます。まず、一時所得の課税方法からみていきましょう。

一時所得は課税対象となる金額が1／2にされるので、所得税、住民税の最高税率五〇％の半分の二五％の負担率で済むこととなり、非常に有利な手法といえます。

さて、生命保険金を相続税の対象にした方がよいのか、所得税の形態にした方がよいのかは、資産

■ 課税形態の変化 ■

保険料負担者	被保険者	受取人	課税される税金
親	親	子	相続税
子	親	子	所得税

■ 一時所得の税額計算 ■

一時所得の金額

死亡保険金－(支払保険料の総額－配当金の金額)

－50万円＝一時所得の金額

税金の計算

一時所得の金額×$\frac{1}{2}$＋その他の所得金額

＝総所得金額

(総所得金額－所得控除額)×税率＊(所得税・住民税)

＊　税率（所得税・住民税）＝15％～50％

■ 相続財産による相続税の実効税率 ■

相　続　人　　子　３人

生命保険金　　5,000万円

相続財産(生命保険を除く)	３億円	５億円	７億円
相続税の総額	6,510万円	１億4,380万円	２億2,815万円
実効税率	19.43％	26.88％	31.04％

規模によります。その判断基準について、検討していきたいと思います。

一時所得の最高税率は二五％です。そこで、相続税の税率が、二五％以上であれば、一時所得が有利ということになります。また、相続税においては、相続人×五〇〇万円の非課税限度額を考慮しなければいけません。

前記の表からもわかるように、相続人が三人の場合には、相続財産が五億円以上になると実効税率二六・八八％になり、所得税が不利になります。

■ 所得税の速算表 ■

課税される所得金額	税　率	控　除　額
195万円以下	5%	―――
330万円以下	10%	9.75万円
695万円以下	20%	42.75万円
900万円以下	23%	63.60万円
1,800万円以下	33%	153.60万円
4,000万円以下	40%	279.60万円
4,000万円超	45%	479.60万円

（注）　平成25年1月1日から令和19年12月31日までの間，
　復興特別所得税として2.1%が上乗せされます。

■ 住民税の速算表 ■

課税される所得金額	税　率
一　律	10%

〈5〉相続税対策に適した生命保険とは？

■生命保険の種類■

生命保険もいろいろな種類がありますが、どの保険が相続税対策に適しているのでしょうか。そこで、まず、生命保険の種類について、説明していきましょう。

生命保険の種類は、大きく分けて、次の三種類に分類できます。

❶ 死亡保険

死亡保険は、被保険者が死亡したときは、保険金が支払われる保険です。死亡保険の中でも、次のような種類に分かれます。

① 定期保険……一定期間に死亡した場合に保険金が支払われる

② 終身保険……死亡するまで保障される生命保険

保険料の支払いは、一生支払う「終身払い」と、一定期間だけ支払う「有期払い」の二種類がある。

③　定期付終身保険……一定期間は保障額が大きく、期間終了後は保障額が小さくなるが、一生涯、保障が続く生命保険

❷　生存保険

生存保険とは、被保険者が一定期間生存した場合に、保険金（満期保険金、年金等）が、支払われる保険です。その期間中、死亡した場合にも一定額の死亡保険金は支払われます。

生存保険の代表は、「年金保険」があります。年金保険の種類としては、次のようなものがあります。

①　確定年金……被保険者の生死にかかわらず、一定期間、年金が支払われる
②　有期年金……生存を条件に、一定期間年金が支払われる
③　保証期間付有期年金
④　終身年金

❸　生死混合保険

生死混合保険とは、被保険者が死亡した場合には、死亡保険金が支払われ、満期まで生存した場合には、満期保険金が支払われる保険です。代表的なものに、養老保険があります。

■ 生命保険の種類 ■

保険
- ①死亡保険
  - ㋑定期保険
  - ㋺終身保険
  - ㋩定期付終身保険
- ②生存保険 ― 年金保険
- ③生死混合保険 ― 養老保険

■相続税対策に適した生命保険■

生命保険の種類をみてきましたが、相続税対策にはどの保険が適しているのでしょうか。保険の種類ごとに検討していきましょう。

❶ 定期保険

定期保険は、安い保険料で大きい保障額が受けられるので、働き盛りの人には適していますが、また掛け捨てなので、長生きした場合には保障を受けられなくなります。

定期保険には八〇歳以上まで保障した「長期平準定期保険」という保険もありますが、生涯保障はされません。このように、定期保険は、納税資金対策には適していないといえます。

❷ 終身保険

終身保険は、定期保険と違い、保障が生涯続き、解約した場合にも解約返戻金があります。つまり、終身保険は、保障機能と貯蓄機能を双方持ち合わせた保険といえます。保障が生涯得られますので、相続税対策（納税資金対策）には、最も適しているといえます。

❸ 定期付終身保険

定期付終身保険とは、一定期間は保障を厚くして、期間経過後は保障額を下げて終身保障するという定期保険と終身保険をセットにした生命保険です。

子供の教育期間は保障を多くして、それ以後は減額するという合理的な保険ではありますが、納税資金対策が必要な時期は、保障が少なくなりますので、相続税対策には、適しているとはいえません。

❹ 年金保険

個人年金保険は、一定期間、年金を受け取れるわけですから、老後を豊かにするという目的からすると、意義のある保険といえます。ただし、相続税対策に直接効力を発揮するとはいえません。

❺ 養老保険

養老保険は、満期時には、満期返戻金が支払われ、その期間に死亡した場合には、死亡保険金が支払われるという、保障と貯蓄の双方の機能をもっています。ただし、貯蓄性がありますので、定期保険に比べると、保険料は割高になります。

また、保障額も、満期返戻金と同額になるという保険ですので、定期保険より低くなります。相続税対策には適していないといえます。

第5章　生前贈与その他の相続税対策

〈1〉生前贈与対策の基本とは?
〈2〉贈与税の配偶者控除を利用しよう
〈3〉暦年贈与を利用しよう
〈4〉住宅資金贈与の非課税制度
〈5〉ワンルームマンションを生前贈与
〈6〉教育資金贈与制度が新設された
〈7〉自社株贈与の非課税制度

〈1〉生前贈与対策の基本とは？

相続税の増税で、相続税対策の必要性が高まっていますが、その対策の中でも一番注目すべきなのは「生前贈与」です。なぜなら相続税増税の反面、生前贈与については今回新設の教育資金の贈与の非課税制度や、平成二四年からの住宅取得資金に係る贈与税の非課税制度等でわかるように、国は生前贈与には減税措置を行っています。

従来の暦年贈与や配偶者の贈与税の税額控除、精算課税制度等の制度も併せて活用することは、相続税対策と、シニア世代の資金を流通させることにより市場の活性化を図り、景気対策にも効果がありますので、是非積極的に行うべきでしょう。

■贈与税の節税分岐点■

贈与税の税率は、相続税と同様に最高五五％に引き上げられ、また二〇歳以上の者が親や祖父母といった直系尊属から贈与を受けた場合とそれ以外との二通りに分かれました。また、贈与税の税率は

■ 贈与税の節税分岐点 ■

$$\frac{\text{相続税額}}{\text{相続財産価額}}=\text{相続税の実効税率}$$

$$\frac{\text{贈与税額}}{\text{贈与財産価額}}=\text{贈与税の実効税率}$$

一致する点が節税分岐点となります。

高いというイメージがありますが、ポイントは「相続税の実効税率より低い贈与税の実効税率であれば、必ず節税効果がある」ということです。

■ 設　例 ■

設例でみていきましょう。

相続税の税率が四〇%とすれば、四〇%以下の贈与税の税率の範囲内の贈与はすべきなのです。ちなみに、直系尊属が五〇〇万円を贈与した場合、贈与税の実質負担率は九・七%です。次に、一、〇〇〇万円を贈与した場合の実質負担率は一七・七%となり、一、五〇〇万円を贈与した場合の実質負担率は二四・四%となります。

結論として、いずれも四〇%以下なので、そのまま相続するよりも贈与した方が有利になります。

■実質負担率■

① 500万円の場合

(500万円－110万円)×15%－10万円＝48.5万円

$$\frac{48.5万円}{500万円} = \boxed{9.7\%}$$

② 1,000万円の場合

(1,000万円－110万円)×30%－90万円＝177万円

$$\frac{177万円}{1,000万円} = \boxed{17.7\%}$$

③ 1,500万円の場合

(1,500万円－110万円)×40%－190万円＝366万円

$$\frac{366万円}{1,5.00万円} = \boxed{24.4\%}$$

相続税の税率が40%であれば生前贈与するべき

〈2〉贈与税の配偶者控除を利用しよう

財産は、夫婦の協力のもとに作られますが、ほとんどの場合、名義はご主人のものになっています。そこでご主人に相続が起きた場合に、多額の相続税がかかったのでは、国民感情として、不公平感が生じます。

その対策として、相続税では、配偶者の法定相続分までは相続税をかけないという「配偶者の税額軽減」という制度を設けています。

そこで、贈与税においても、結婚して二〇年以上経過した夫婦間においては、居住用財産（または居住用財産を取得するための金銭）をもらった場合は、二千万円までは贈与税が無税になる制度があります。この場合、財産そのものを贈与する必要はなく、夫名義の自宅を二千万円分共有持分にすることも含まれます。

この制度を、「贈与税の配偶者控除」といいます。

現実的には、基礎控除の一一〇万円をあわせた二、一一〇万円までは、贈与税がかかりません。

相続の前三年以内の贈与財産は、贈与がなかったものとされて相続財産に加えられますが、配偶者控除を受けた居住用財産は相続財産とならない特典があります。

したがって、相続直前であっても、速やかに、居住用財産を配偶者に贈与すべきです。その分だけ、相続税の軽減が図れます。

■要　件■

贈与税の配偶者控除を受けるには、次の五つの要件を満たす必要があります。

①　婚姻期間が二〇年以上である配偶者への贈与であること

②　贈与財産は、居住用財産か居住用財産を取得するための金銭であること

③　居住用財産の贈与の場合は、翌年三月一五日までに居住し、その後も引き続き居住する見込みであること。金銭の贈与の場合には、翌年の三月一五日までに居住用不動産を取得してそこに居住し、その後も引き続き居住する見込みであること

④　今までにその配偶者からの贈与について配偶者控除の適用を受けていないこと

⑤　贈与税の申告をすること

二、一一〇万円以内の贈与であれば贈与税はかかりませんが、この場合でも翌年二月一日から三月一五日までの間に、贈与税申告書に必要な書類を添付して提出する必要があります。

■配偶者控除を受ける上手な贈与方法■

❶ どの資産を贈与するか

贈与する財産は土地のみ、建物のみ、土地・建物両方、の三通りが考えられますが、将来の値上がり等を考慮した場合には、土地のみの贈与をお勧めします。

❷ 持分の贈与も可能

その土地が高額な場合は、そのうち二、一一〇万円分の持分を贈与する方法をとるとよいでしょう。その部分だけ分筆して贈与する必要はありません。

❸ 居住用財産の三、〇〇〇万円控除を二倍活用する方法

居住用財産を近い将来売却予定する場合には、土地・建物を両方贈与することが有利になります。居住用財産を売却した場合には、三、〇〇〇万円の特別控除を受けることができますが、これは土地と建物両方を所有していることが要件となります。

そこで、配偶者が居住用財産の贈与を受ける場合には、土地と建物の両方の贈与を受ける必要があります。そうすると、その居住用財産を譲渡した場合は、夫婦それぞれ三、〇〇〇万円ずつ最大六、〇〇〇万円の特別控除を受けることができ、その譲渡にかかる所得税の非常に有効な節税手段になります。

《3》暦年贈与を利用しよう

■ 暦年贈与のポイント ■

❶ 贈与は誰にでも

生前贈与は、対象が相続人に限らず誰でも可能です。お孫さんやお嫁さんでも可能なので、世代飛ばしや資産分散の効果があります。

❷ なるべく多くの人に年を分けて

贈与税は、毎年贈与を受ける人ごとに基礎控除（一一〇万円）が適用され、税率も累進課税で、金額が少なければ低く抑えることができます。そこで、贈与はなるべく多くの人に、また年を分けて行うほうが有利といえます。たとえば一二月に贈与するのであれば、一二月と一月に贈与すると、課税される財産が半分になりますので、税額は半分以下に軽減されます。

❸ 贈与契約書を作成しよう

生前贈与は、贈与する方と受ける方との双方の同意が必要となります。このことを「諾成契約」といいます。

そこで、次のような「贈与契約書」を作成するべきです。税務調査の時に、贈与を証明する時に有効だといえます。

❹ 財産管理は受け取った人がする

親が子供に贈与するうえで子供の預金通帳を親が管理している場合は、贈与が成立していないとみなされるので、贈与を受けた側が管理するべきです。

❺ 贈与税の申告をする

基礎控除を超える場合はもちろん、基礎控除以下でも申告することにより贈与の証明の一つになります。

贈与契約書

贈与者甲野太郎と受贈者甲野一郎の間で，今般左のとおり贈与契約を締結した。

第一条　甲野太郎は，左記の金銭を甲野一郎に贈与することとし，甲野一郎はこれを受諾した。

一，現金　　金壱百万円

第二条　甲野太郎は前条記載の金銭を，令和２年３月１日迄に甲野一郎に引き渡すこととする。

引渡しは甲野一郎名義の○○銀行○○支店普通預金口座への振込をもってすることとする。

右契約の証として本書を作成する。

令和２年２月10日

東京都新宿区○○一－二－五

贈与者　甲野太郎　㊞

東京都新宿区○○一－二－五

受贈者　甲野一郎　㊞

〈4〉住宅資金贈与の非課税制度

住宅を購入・建築するということは、人生の一大事業です。そこで一番問題なのは、住宅資金です。その住宅資金の一部について、親または祖父母から子または孫が贈与を受けても、一定額に対しては贈与税が非課税になるという「住宅取得資金の贈与の特例」制度があります。この制度は国の住宅政策の一環ですので、積極的に利用すべきです。

では、その内容のポイントをみていきましょう。

❶ **贈与者**

父母、祖父母などの直系尊属で年齢要件はありません

❷ **受贈者**

贈与を受けた年の一月一日に二〇歳以上である子供や孫で、贈与を受けた年の合計所得金額が二、〇〇〇万円以下であること

❸　対象家屋

家屋の登記簿上の床面積五〇㎡以上二四〇㎡以下（マンションは区分所有専有面積）

贈与を受けた年の翌年三月一五日までに一定の居住用家屋を取得、新築または増改築をして居住すること

❹　非課税限度額

受贈者ごとの非課税限度額は、次の①又は②の表のとおり、新築等をする住宅用の家屋の種類ごとに、受贈者が最初に非課税の特例の適用を受けようとする住宅用の家屋の新築等に係る契約の締結日に応じた金額となります。

■ 贈与税の非課税限度額比較表 ■

① 下記②以外の場合

住宅用家屋の新築等に係る契約の締結日	省エネ等住宅	左記以外の住宅
～平成27年12月31日	1,500万円	1,000万円
平成28年１月１日～令和２年３月31日	1,200万円	700万円
令和２年４月１日～令和３年３月31日	1,000万円	500万円
令和３年４月１日～令和３年12月31日	800万円	300万円

② 住宅用家屋の新築等に係る対価等の額に含まれる消費税等の税率が10％である場合

住宅用家屋の新築等に係る契約の締結日	省エネ等住宅	左記以外の住宅
平成31年４月１日～令和２年３月31日	3,000万円	2,500万円
令和２年４月１日～令和３年３月31日	1,500万円	1,000万円
令和３年４月１日～令和３年12月31日	1,200万円	700万円

■ 住宅取得資金の贈与の特例 ■

特例が受けられる期間	令和３年12月31日まで
住宅取得等資金	父母や祖父母から子供や孫への住宅取得や増改築のための資金
贈　与　者	・受贈者の父母，祖父母などの直系尊属 ・年齢制限なし
受　贈　者	・贈与者の子ども、孫などの直系卑属 ・贈与を受けた年の１月１日で年齢20歳以上 ・原則国内に住所がある ・贈与を受けた年の翌年３月15日までに一定の居住用家屋（家屋の敷地の土地も含む）を取得，新築あるいは増改築して居住すること ・贈与を受けた年の合計所得金額が2,000万円以下
対象となる家屋	購入 ・家屋の床面積が50㎡以上240㎡以下 ・中古住宅は築20年以内（耐火建築物は築25年以内），または新耐震基準適合の証明書があるもの 増改築 ・居住用家屋の増築，改築，大規模修繕など ・工事費が100万円以上（工事費の２分の１以上が居住用の工事） ・増改築後の床面積が50㎡以上240㎡以下 ・増改築後の床面積の２分の１以上が居住用である

〈5〉ワンルームマンションを生前贈与

■ワンルームマンションを贈与する■

中古ワンルームマンションを購入した場合をみてきましたが、生前贈与を活用しても、とても有効な手段となります。

ワンルームマンションを購入した場合は、親が所有する現預金がマンションに替わり、評価額が大幅に削減されるスキーム（仕組み）でした。

生前贈与の場合は、親の現預金で一、〇〇〇万円の中古ワンルームマンション三戸を三、〇〇〇万円で購入し、三人の子供に贈与したケースでは、中古ワンルームマンションの相続税評価額は三〇％程度ですので、三〇〇万円程で贈与税の評価をされます。また、基礎控除の一一〇万円も控除されますので、一戸三〇〇万円と評価しても、一人あたりの贈与税額は一九万円となり、三人で合計五七万円の贈与税を払えば、完全に親の三、〇〇〇万円の財産が、子供に移転するのです。

■二年に分ける方法■

生前贈与を有効に活用するポイントは、なるべく多くの人に、なるべく年を分けてやればやるほど、有利になります。

先ほどのケースも、三人の子供に一年で贈与するよりも、今年の一二月と来年の一月に分けて贈与するのです。

税額でみていくと、一年で贈与すると、贈与税が三人合計で五七万円、二年に分けると二四万円となり、差引三三万円有利になります。

■設　　　例■

＜１年で贈与＞

300万円－110万円(基礎控除)＝190万円

190万円×10％(贈与税率)＝ 19万円

19万円×３人＝ 57万円（贈与税総額）

＜２年で贈与＞

300万円(マンション評価額)×$\frac{1}{2}$（←２年に分ける）

＝150万円

150万円－110万円(基礎控除)＝40万円

40万円×10％(贈与税率)＝４万円

４万円×３人＝12万円

12万円×２年＝24万円（贈与税総額）

《6》教育資金贈与制度

生前贈与の促進策として、注目されているのが「教育資金贈与制度」です。

この制度は、祖父母の（親も含む。以下同じ）から孫（子も含む。以下同じ）に教育資金を贈与した場合には孫一人当たり一、五〇〇万円まで贈与税が非課税となるものです。孫が三人いれば四、五〇〇万円まで無税で贈与できてその分相続財産を圧縮することになるので、節税効果が期待できます。

今までも、孫の教育資金を祖父母がその都度贈与した場合にはかからなかったのですが、今回は将来の教育費についても一括して非課税にするということで、シニア世代の豊富な金融資産を市場に流通させ、景気浮揚を図ろうとする政策的な理由もあるのです。ただし、運用手順が簡単ではありません。

まず、教育資金の一、五〇〇万円を信託銀行（一定の金融機関含む）の教育資金口座に預け、孫が入学金や学費を支払う度に学校から領収書を銀行に提出して、やっと払い出しができるという制度です。これを孫が三〇歳になるまでやるのです。気が遠くなりそうな話です。

この制度は、三年間の時限立法にもかかわらず、孫が三〇歳の時に使いきれなかった残金に対し、贈与税が課されます。三歳の孫であれば二七年後ですが、覚えているでしょうか。

このように制度として実状にそぐわないところがありますが、相続財産を一度に縮小させる効果と、教育資金については学校関係のみでなく学習塾、水泳教室、テニススクール、英会話スクール等の学校以外にも一、五〇〇万円のうち五〇〇万円を充てられることになっていますので、教育関係業界の景気刺激策になればよいと思います。

■ 手続と教育資金の払出しの流れ ■

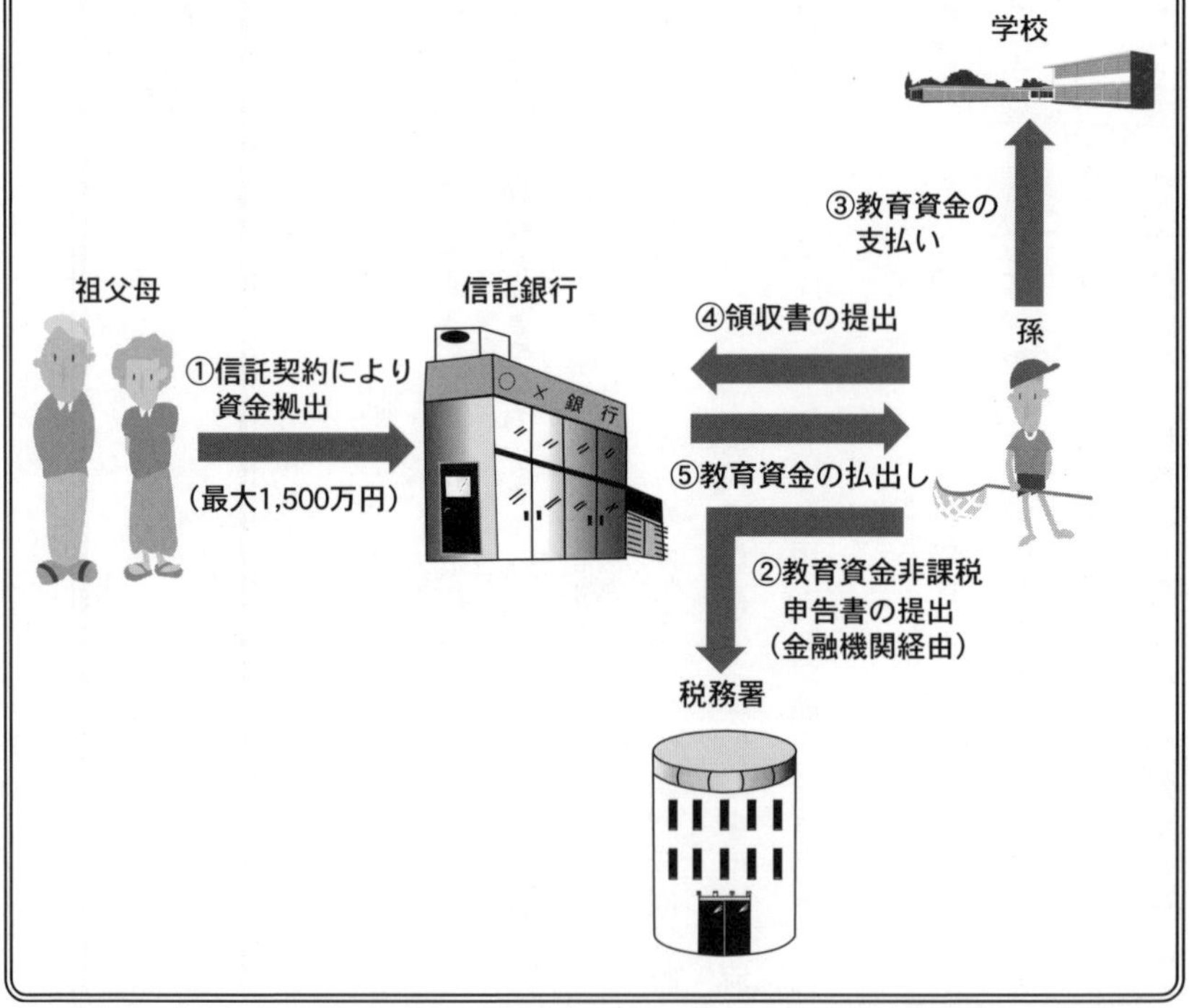

〈7〉 事業継承制度

■ 事業承継税制の概要 ■

現在、中小企業は全国に三五七万社（二〇一六年）あり、日本経済の中枢を占めています。その中小企業が、後継者不足であえいでいます。二〇二五年には三一九万社に減少し、そのうち、七〇歳超の経営者で、後継者不足で廃業が予想されるのは、一二七万社といわれています。このことは、六五〇万人の雇用と、約二十二兆円のＧＤＰの喪失という重大な事態を引き起こすのです。

■ 納税猶予制度 ■

そこで、二〇〇九年に「非上場株式等についての贈与税、相続税の納税猶予制度」が創設されました。しかし、この制度は、要件が細かすぎ、クリアできない場合の納付リスクもあって、あまり普及しませんでした。この制度を「一般措置」といいます。

そこで、二〇一八年に大幅に要件を緩和して、使い易い制度にしました。この制度を「特例措置」といいます。

■ 一般措置と特例措置の相違点 ■

	一般措置（従来からの措置）	特例措置
①　対象株式	発行済議決権株式総数の３分の２	全株
②　相続時の猶予対象評価額	80%	100%
③　雇用確保要件	５年平均80％維持	事実上撤廃
④　贈与者等	複数株主（改正前は先代経営者のみ）	複数株主
⑤　後継者	後継経営者１人のみ	後継経営者３名まで（最低10％以上）
⑥　相続時精算課税の適用	推定相続人等後継者のみ	推定相続人等以外も適用可
⑦　事業の継続が困難な事由が生じた場合の減免	なし	あり
⑧　特例承継計画提出期間	－	2018年４月１日から５年間
⑨　特例承継計画の提出	不要	要
⑩　適用期限	なし	2018年１月１日から2027年12月31日

■特例措置のポイント■

事業承継税制の「特例措置」の制度を適用するには、まず、五年以内に「特例承継計画」を提出し、一〇年以内にその株式を贈与しなければなりません。

雇用確保要件も大きく緩和され、事実上、撤廃されました。

■特例承継計画■

①　特例承継計画の提出期限

事業承継税制の特例措置を受けるためには、「認定支援機関」の指導および助言を受けて作成した「特例承継計画」を二〇一八年四月一日から、二〇二三年三月三一日までに都道府県知事に提出しなければなりません。

②　特例措置の贈与期間は一〇年

二〇二七年一二月三一日までの一〇年間にその株式を贈与しなければなりません。特例適用中に、先代社長が亡くなった場合は、贈与時の評価額でその株式を相続し、相続税の納税猶予を受けます。

③　雇用確保要件の実質的撤廃

〈一般措置（従来）〉

事業承継後、五年間従業員八〇％以下になった場合………猶予取消

〈特例措置〉

「認定支援機関」の指導助言を要件に猶予取り消しにならない………

実質上の撤廃

■事業承継税制における精算課税制度の特例■

事業承継税制においては一定要件で、基本的に贈与税が納税猶予されますが、事業廃止や株式売却等で納税猶予が取り消しになり、贈与税を納付しなければならなくなります。この場合の贈与税は、「暦年贈与」と「相続時精算課税」（２０６頁参照）のいずれかを選択しなければなりません。

この場合には、「精算課税制度」が二、五〇〇万円まで無税で、それを超えた金額も二〇％の税率ですので、有利といえます。また、評価額が、贈与時で固定されますので、将来相続時まで株価の上昇が予想される場合には、相続時加算した時点での節税効果が見込まれます。

「精算課税制度」には要件があり、原則は、六〇歳以上の父母、祖父母から、

■ 特例措置の贈与期間 ■

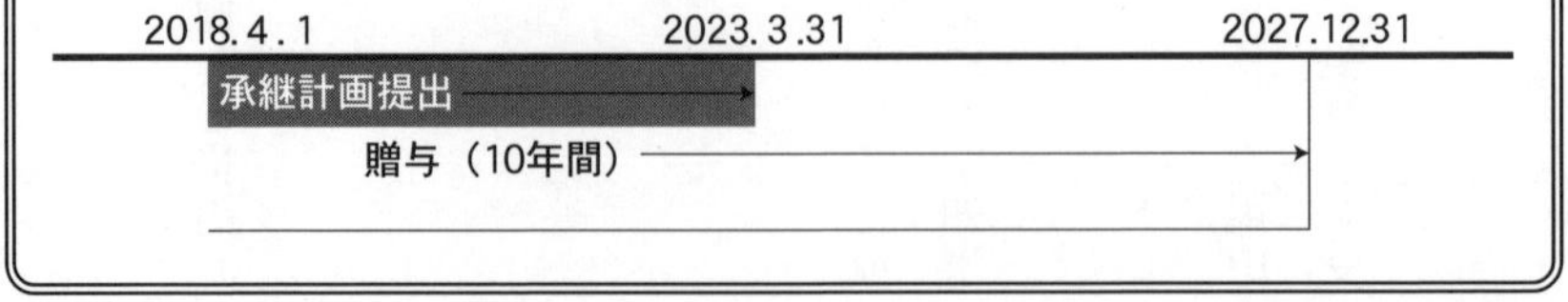

二〇歳以上の子又は孫のみという制度です。つまり、極めて近い親族間のみという制度なのです。

■ 今回の改正 ■

　ところが、今回の改正では、この「精算課税制度」の原則を覆し、例外的に推定相続人以外の「第三者」であっても、二〇歳以上であれば、「精算課税制度」が使えるようになりました。このことにより、事業承継税制の使い勝手が格段に向上し、猶予取り消しのリスクを防止する効果が期待されます。

「事業承継税制」では例外的に、推定相続人以外の「第三者」であっても、二〇歳以上であれば、「精算課税制度」が使えるようになりました。

■ 今回の改正 ■

基本的に納税猶予

⇩

事業廃止や株式売却等で、贈与税を納付しなければならない

⇩

「精算課税制度」は2,500万円まで無税なので有利

原則は、60歳以上の父母、祖父母から
20歳以上の子又は孫（推定相続人）のみ

■贈与される後継経営者は三名まで拡大■

従来の「一般措置」では、贈与者は先代経営者で、後継代表者の長男に贈与をするパターンだけでした。

今回の「特例措置」は、贈与者が先代経営者に限定しないで、同族関係者や第三者等の誰でもなれるように変更されました。

贈与を受ける後継者も、次の要件を満たせば、三名までが対象となります。

〈要　件〉

条件①　代表権を有している者に限る。

条件②　複数人で小計する場合は、それぞれ議決権割合の一〇％以上を有し、かつ、議決権保有割合上位三位以上。

■ 贈与される後継経営者は3名まで拡大

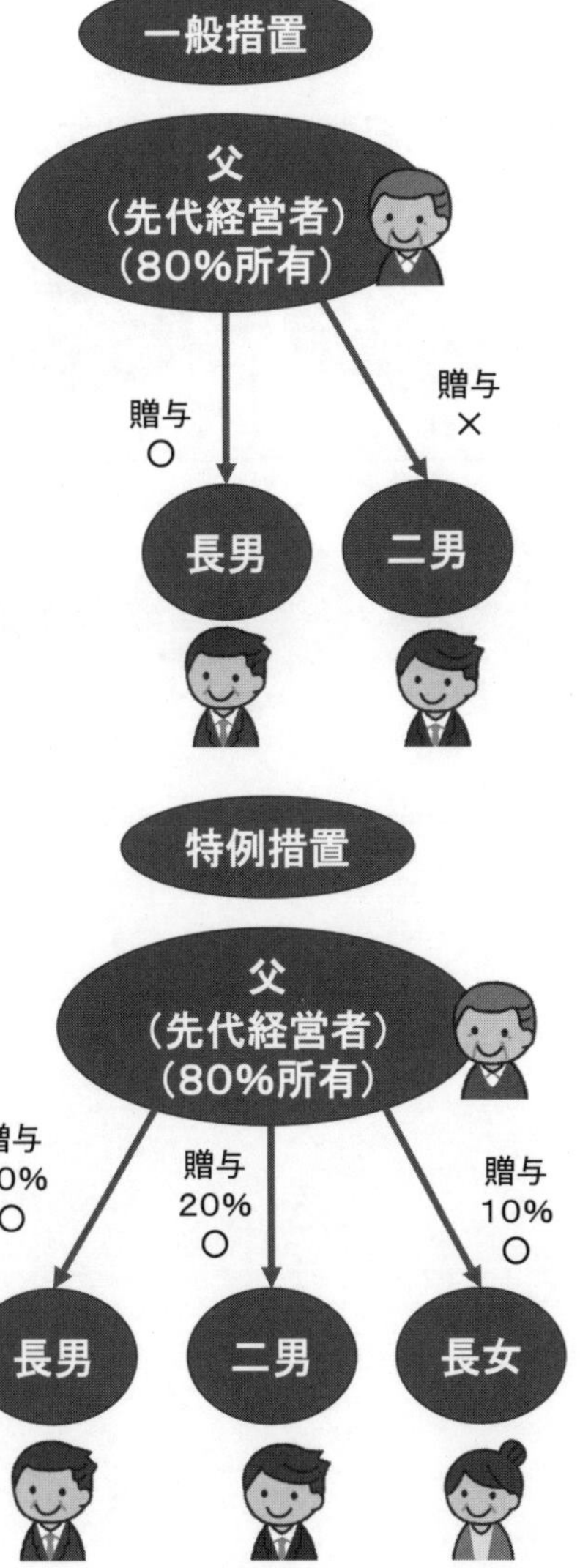

■ 贈与される後継経営者は3名まで拡大（特例措置）

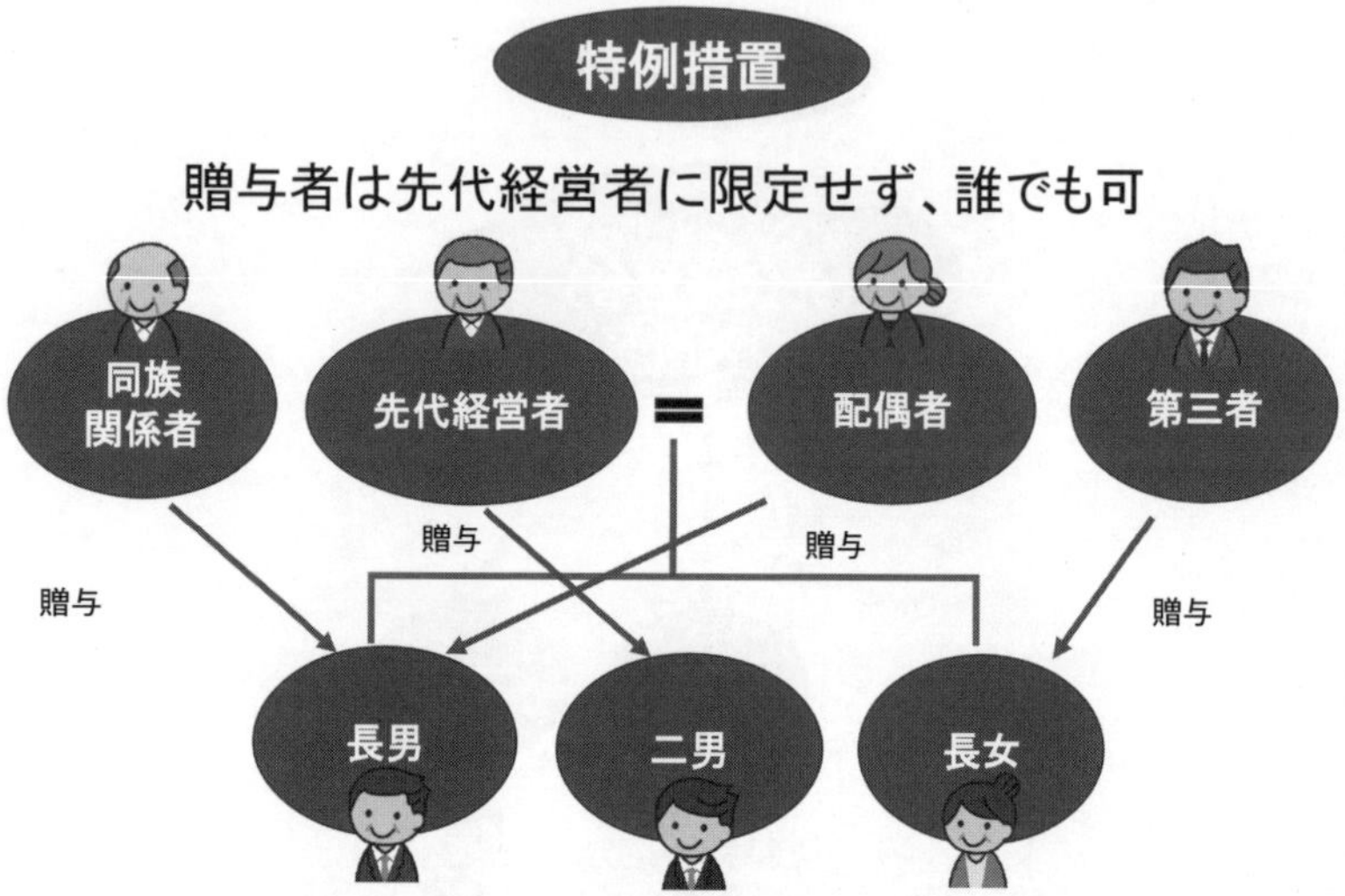

■個人事業承継税制とは■

法人の事業承継も、社会問題ですが、個人事業主の事業承継も、少子高齢化の中、大きな問題となっています。七〇歳を超える個人事業主は、二〇二五年で約一五〇万人になるといわれます。

そこで、二〇一八年の法人の「事業承継税制」に続き、二〇一九年には、一〇年間限定で、事業用資産に係る「贈与税、相続税」を一〇〇％納税猶予する「個人版事業承継税制」が創設されました。

〈対　象〉

土地だけでなく、建物、事業用償却資産、特許権（特定事業用資産）全ての課税価格一〇〇％。

ただし、事業用宅地四〇〇㎡、建物の床面積八〇〇㎡まで。

原則として二〇一九年四月一日から二〇二四年三月三一日までに認定経営革新等支援機関の指導及び助言を受けて策定した「個人事業承継計画」を都道府県知事に提出しなければなりません。

〈二〇二八年一二月三一日までに贈与〉

二〇二四年三月三一日までに「個人事業承継計画」を提出した場合には、

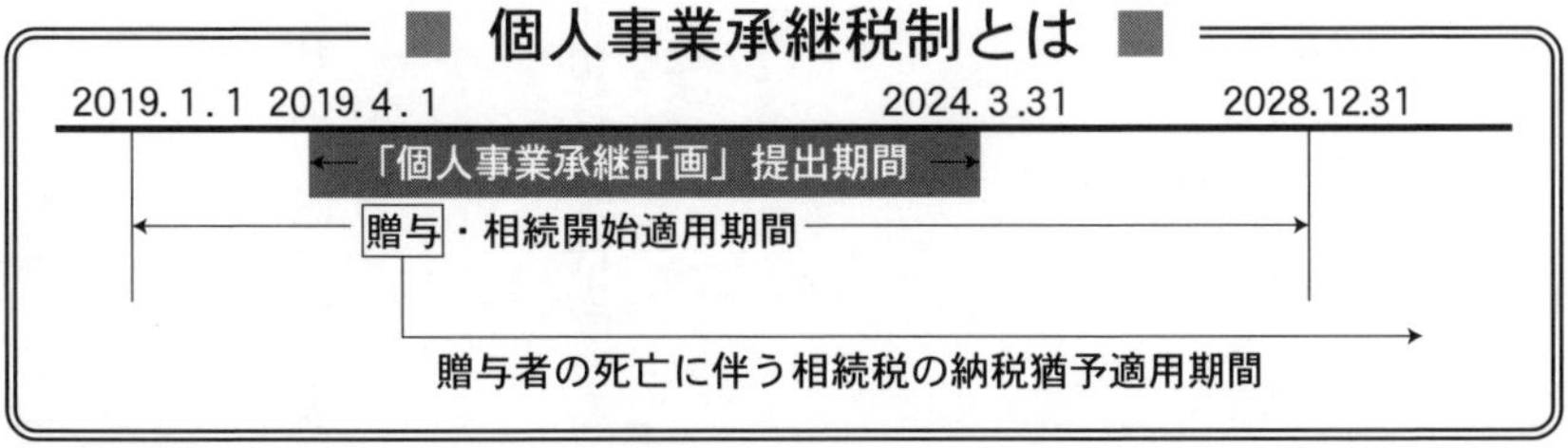

個人版事業承継税制の適用の権利を手に入れたことになりますが、二〇二八年一二月三一日までに特定事業用資産を後継者に贈与しなければなりません。

〈二〇二八年一二月三一日までに死亡した場合〉

二〇二四年三月三一日（提出期限）までに、「個人事業承継計画」を提出していれば、贈与前に死亡しても、個人版事業承継税制の「相続税の納税猶予」の適用が受けられます。

〈小規模宅地等の特例は適用不可〉

個人版事業承継税制の相続税の納税猶予・免除制度の適用を受けると、特例事業相続人等はもちろん他の相続人等も、相続税の「特定事業用宅地等」の特例は適用することができません。「特定居住用宅地等」の適用については制限がないので、完全併用することが可能です。

第6章 相続時精算課税制度

〈1〉相続時精算課税制度の概要
〈2〉相続時精算課税制度のメリット・デメリット
〈3〉相続時精算課税制度の利用例

〈1〉相続時精算課税制度の概要

「相続時精算課税制度」とは、従来一一〇万円までが贈与税の非課税でしたが、それがなんと、二、五〇〇万円まで非課税限度額が拡大されるという制度です。

それでは、「相続時精算課税制度」の内容について、みていきましょう。

❶　適用対象者

①　贈与者は、満六五歳以上の親又は祖父母

②　受贈者は、満二〇歳以上の子である推定相続人（代襲相続人を含む）、人数の制限はない

❷　適用手続

①　制度の適用を受けるには、贈与を受けた年の翌年三月一五日までに税務署へ本制度を選択する旨の届出が必要

②　最初の贈与の際に届け出れば、相続時まで本制度の適用が継続

③　本制度は①受贈者である兄弟姉妹が別々に、②贈与者である父・母ごとに、選択可能

❸　適用対象となる贈与財産等

①　贈与財産の種類、贈与期間に制限はない

②　贈与金額、贈与回数に制限はない

❹　税額の計算等

（贈与時）

・　制度の対象となる親からの贈与財産で非課税限度額を超える部分について、贈与時に贈与税（二〇％）を納税

（相続時）

・　選択した子は、制度の対象となる親の相続時に、それまでの贈与財産と相続財産とを合算して計算した相続税額から、すでに支払った贈与税相当額を控除

・　この場合の相続税額は、従来と同じ法定相続分による遺産取得課税方式で計算

精算課税制度の大きな特徴は、従来の贈与税の非課税限度額が一一〇万円であったのが、二、五〇〇万円とケタ違いに拡大したということです。また、非課税限度額を超える部分については、二〇％の

■ 暦年課税と相続時精算課税の比較 ■

	暦　年　課　税	相続時精算課税
税　　金	(金額－110万円)×累進課税 ＝税額	(金額－2,500万円)×20% ＝税額
納　　付	年 度 別	相続時精算
受贈与者	不　　問	親（祖父母）(65歳以上) →子（孫）(20歳以上)
受贈金額の持ち戻し	切り放し ※相続開始前３年以内は加算	相続時持ち戻し
節　　税	○	－
大　　型	年数、多数であれば可能	○
そ の 他	誰でもＯＫ	紛争防止 生前相続する

税率で課税されます。ただし、その贈与された金額は相続時に、相続財産に加算して相続税を計算し、納付した贈与税を控除することとなります。

このように、相続時に過去の生前贈与分を持ち戻して精算するので、「相続時精算課税制度」といいます。

〈2〉相続時精算課税制度のメリット・デメリット

■メリット■

❶ 資産需要があるときに財産の贈与を受けられる

従来の相続では、親が八〇代で相続が発生した場合に、子供も六〇代で、そろそろ自分の老後を考える時期になっています。住宅ローン・教育資金等で一番資産需要がある時期に、贈与を受ける方が感謝されますし、財産の重み、有難みも違ってきます。また、受けた財産を確実に、消費にまわしますので、経済効果も高まります。

❷ 円満相続ができる

従来の相続においては、円満相続のために親は遺言を書くのが一般的でした。ただ実際には、遺言を書いてあっても相続でもめる場合はよくあります。

相続人の最低の権利である「遺留分」を侵していたり、遺言を強要したとクレームをつけたり等の問題がでることがあります。

そうなると裁判沙汰なり、一生ケンカ状態になります。

このように、「遺言」は、万全な方法ではないのです。ところが、親が子供に遺留分を放棄することを条件に、生前にまとまった財産を贈与すれば、将来の争いはありませんので、円満相続は約束されます。

具体的には、生前贈与を行い、受贈者が「遺留分の放棄承諾書」を提出し、その後財産について遺言書を作成しておくと、生前においてその人の相続を円満に完了させることができます。

❸　収益物件の贈与による財産移転

賃貸アパート・マンション等の収益物件を贈与すると、その物件から生じる収益そのものも贈与することになるので、相続までの期間の親の財産増加を防ぎ、子供への財産移転が可能になります。また、子供は現預金が増えるので、納税資金に充てることができます。

■デメリット■

❶　「小規模住宅地等の減額」の制度が使えない

相続税の申告時には、自宅等の土地等について、二四〇㎡までは最大八〇％の減額つまり、二割の評価でよいという制度があります。いわゆる「小規模住宅地等の減額」です。

ところが、贈与税には適用されませんので、「相続時精算課税制度」にも使えないのです。

❷ 相続時に納税資金がない

贈与財産を、相続時までに使ってしまい、残っていない場合に相続税が発生するケースでは、納税資金の対策（生命保険等）が必要となります。

❸ 単純贈与に戻れない

相続時精算課税制度は、一度選択したならば、単純贈与に戻ることはできません。したがって、後で財産の切り放しになる単純贈与を利用しようとした場合にできなくなります。このように、生前贈与の選択は、対策の柔軟性に欠く面を持っています。

〈3〉相続時精算課税制度の利用例

Aさん（70歳）
長男（42歳）商社勤務
長女（38歳）主婦
土地，建物　6,000万円
預　貯　金　4,000万円　　合計　1億円

Aさん（七〇歳）は、五年前に御主人に先立たれ、現在は都内で一人暮しをしています。子供は、商社勤務の長男（四二歳）と専業主婦の長女（三八歳）がいます。財産は、自宅の土地、建物（六、〇〇〇万円）と預貯金四、〇〇〇万円です。

Aさんの希望としては、老後の面倒は、長男の嫁よりも気心の知れた長女に見てもらいたいと思っています。ただ、長男は都内に住んでいますが、長女夫婦は、地方勤務なのでどうしたらよいかと困っていました。

そういう時に、今年長女夫婦が東京に転勤で戻ってくるというのです。それは、「渡りに船」ということで、Aさんは娘夫婦に同居をしてもらい、将来は、自宅の土地、建物を相続させたいと考えました。

そこで問題なのが、長男のことなのです。税理士に相談すると相続分は半分あり（約五、〇〇〇万円）、遺言を書いても遺留分が約二、五〇〇万円

あるというのです。

困っているところに今回、贈与税の非課税が一一〇万円から二、五〇〇万円までに拡大したと聞いて、これを利用しようと思いついたのです。老後資金のことも心配なので、二、〇〇〇万円を除いて現金二、〇〇〇万円を長男に贈与することを提案しました。

すると、長男は、住宅ローンの返済と大学進学の子供の教育費、リストラによる賞与カットなどで家計が苦しい時だっただけに、ふたつ返事で応じてくれました。

また、将来のために、長女に、自宅を相続させるという「遺言」を公正証書で作成し、長男に「遺留分放棄承諾書」を書いてもらうことにして、相続後も兄妹が争わないようにしました。

結局、長女夫婦も心よく同居に同意してくれて、今ではAさんは、孫たちにかこまれ楽しく暮しています。

このように、生前贈与を利用すれば、将来の「相続争い」の回避をすることができるのです。

■利 用 例■

長女・夫婦と同居希望

↓

長男に2,000万円贈与
「遺留分放棄承諾書」

↓

遺言書の作成

↓

土地・建物を長女へ相続

第7章 信託制度（最新の相続対策）

〈1〉信託制度を使った相続対策とは？
〈2〉家族信託
〈3〉妻の二次相続の分割まで指定できる
〈4〉幼い子供への財産の新しい贈与方法とは？
〈5〉贈与した財産を引き続き管理・支配したい

《1》

信託制度を使った相続対策とは?

「信託」と聞くと、「信託銀行」をイメージしがちではないですか。どうしても一般の方には、なじみの薄いものに感じられます。

ところが、平成一九年に「信託法」の改正があり、信託銀行でなくても一般の方が簡単に、しかも効果的な相続対策がとれる手法に「信託制度」が変化しました。

是非、この機会に「信託制度」を相続対策の一つに考えられるとよいでしょう。

では「信託」とはどういうものか、みていきましょう。

「信託制度」は中世ヨーロッパが起源で、そのころ戦争が長く続いていて、父さんが妻子を残して戦場に行く前に、財産の管理を信頼できる親戚に依頼して、自分が戦死しても妻子の生活が困らないようにしたのが始まりといわれています。そうすることにより、戦地に行っている本人に代わって、親戚の叔父さんが財産の賃貸借契約や売却、購入をすることが可能になり、その収入を残された妻子に定期的に渡すことが可能になります。

このように「信託制度」とは、自分の財産を他人に託して自分の家族に利益を確実に渡していくという、人間が長い間かけて作り上げた制度で、文字通り「信じて託す」ということなのです。

信託制度には、登場人物が三者います。

財産の所有者でその管理を依頼する父親＝「委託者」、預かった叔父さん＝「受託者」、その収入（利益）を受ける妻子＝「受益者」という三者です。

「信託制度」にはいろいろなバリエーションがありますが、これを使うことにより、今まではできなかった相続対策が可能になりました。

その方法を、これからいくつかみていきましょう。

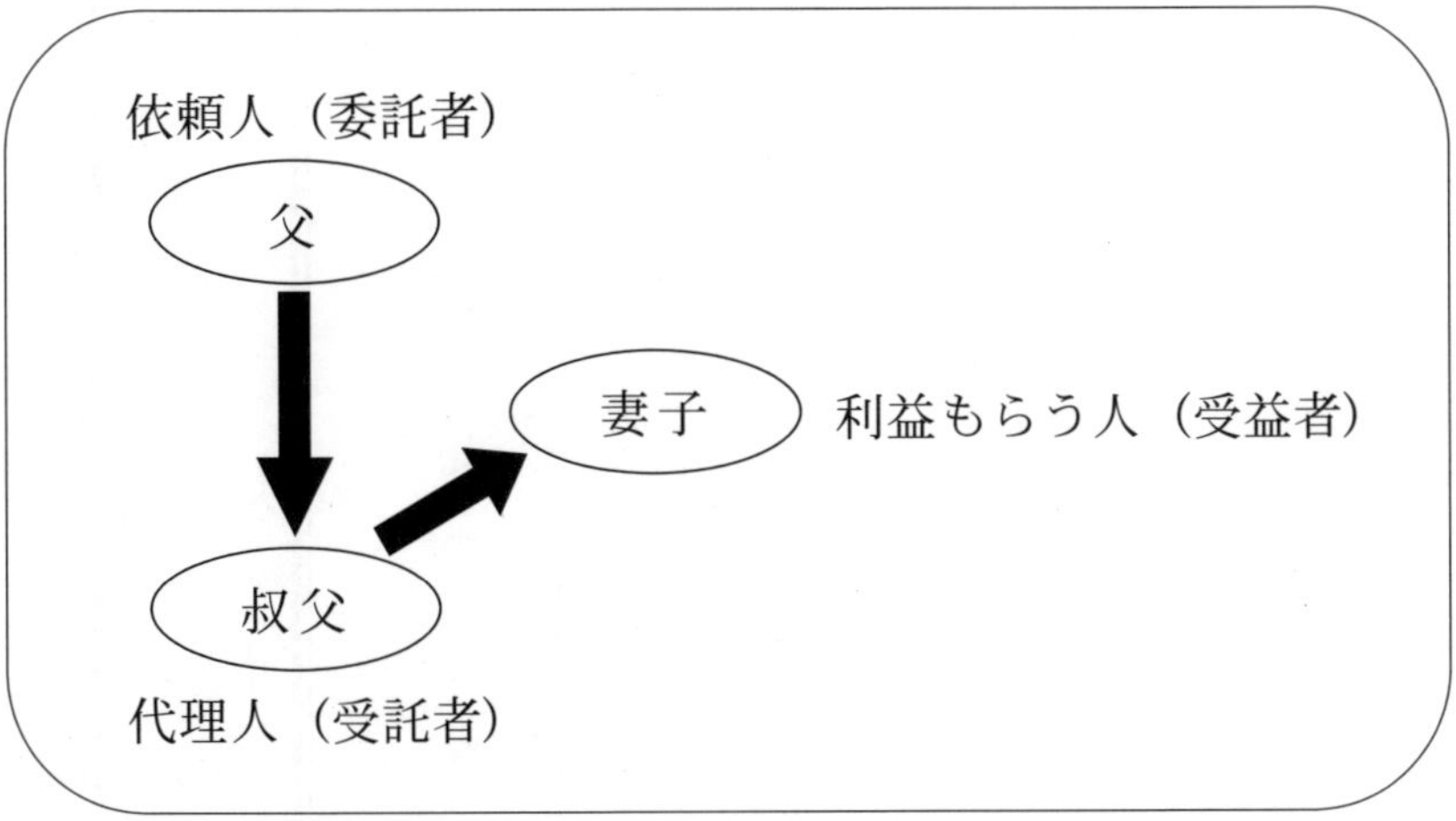

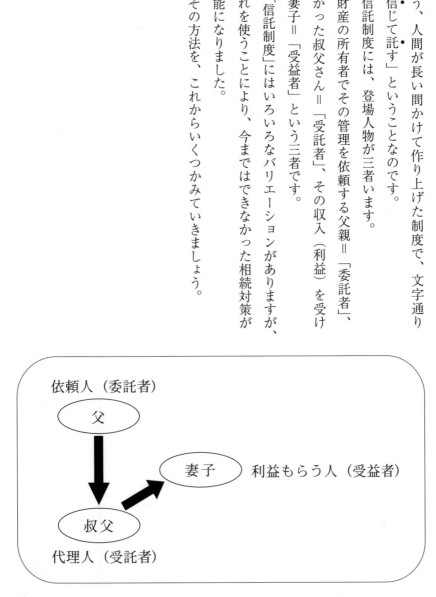

《2》家族信託

信託制度の中でも、今、「認知症対策」として最も注目されているのが「家族信託」です。この方法は、親が判断能力がある時に、親が子供に財産の管理委託をするもので、親は「お金の権利」を持ち、子供は「ハンコの権限」を持つ、という制度です。

わかりやすくいうと、親の持っている所有権を「お金の権利」と「ハンコの権限」に分離して、信頼できる子供（親族）に「ハンコの権限」（決済権）を任せる制度なのです。

〈家族信託でできること〉

① 不動産の売却、贈与、担保、賃貸借契約
② 信託口座の預金の出し入れ
③ 有価証券の売買
④ 自社株の信託（会社の経営が可能）

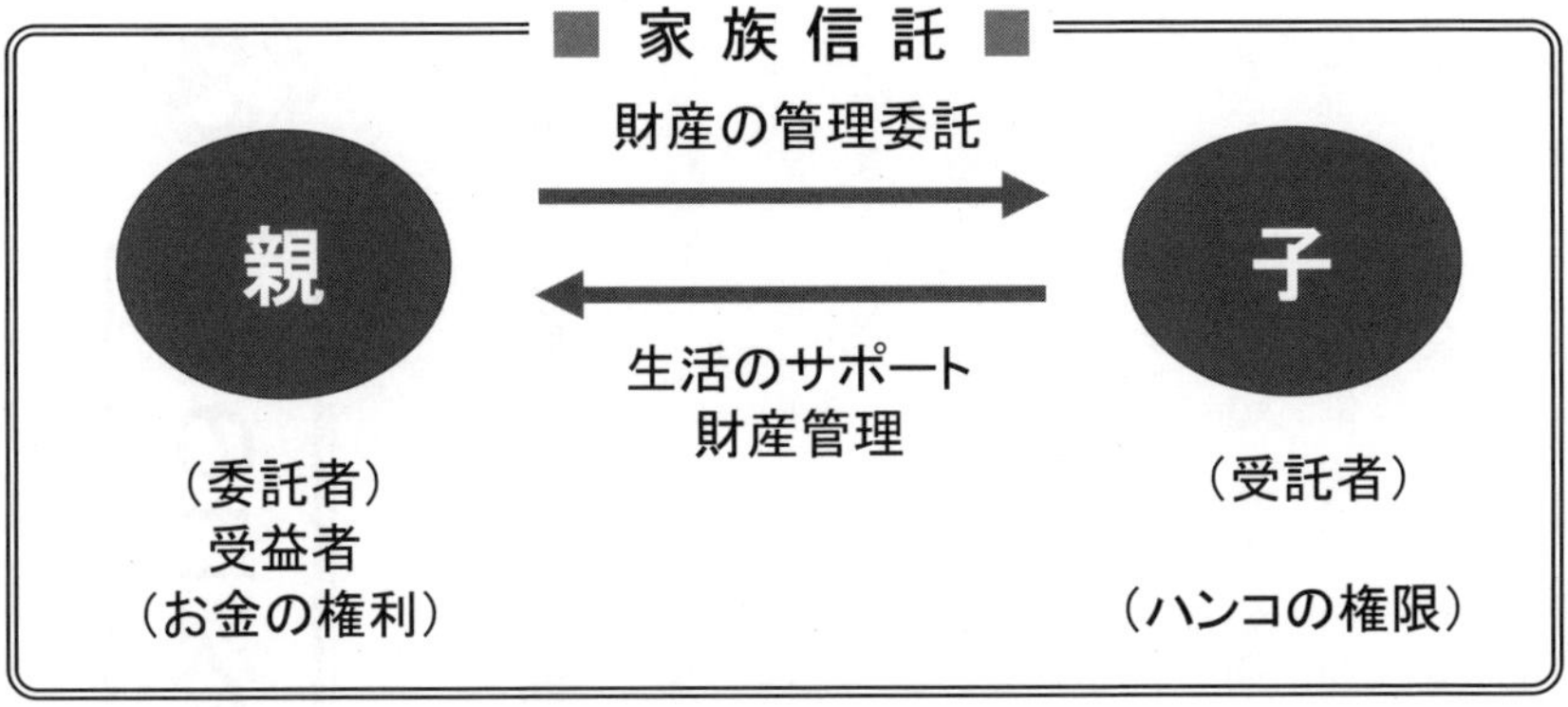

※　親の持っている所有権を「お金の権利」と「ハンコの権限」を分離して，信頼できる子供（親族）に「ハンコの権限」（決済権）を任せる制度。

〈3〉妻の二次相続の分割まで指定できる

■受益者連続型の信託■

相続対策として「遺言」は有効な手段ですが、効力には限界があります。たとえば、自分の財産を誰に相続させるということは指定できますが、その財産を取得した相続人の次の相続内容について、言及できません。

ところが「信託」を使うと、その契約した日から三〇年間、自分の財産が誰にどのような順序で相続されていくか、指定することができるのです。

《設　例》

Ａさんは、再婚で先妻との間に子供がいます。

後妻との間に子供がいないので、後妻の老後のためにもＡさんは、財産を奥さん（後妻）に相続させるように、遺言を書いています。ただ、奥さんが亡くなった場合は、奥さんの実家（奥さんの父母、兄弟姉妹）に財産が行ってしまいます。

Aさんの希望としては、先妻との間の子供に財産を戻してあげたいと思っているのですが、現在の「遺言制度」では、どうしてもできません。

そこで、信託制度を使うとそれが可能になるのです。信託では、遺言は財産所有権の指示をしますが、信託制度では財産の「受益権」（利益を受ける権利）を指定するものなので、奥さんの後の「受益権」を子供に指示することができるのです。

その指示できる期間は三〇年間という長期間にわたって可能なので、「子供」の次に「孫」を指示することもできるのです。この制度を「受益者連続型の信託」といいます。

■ 信託を利用した遺言 ■

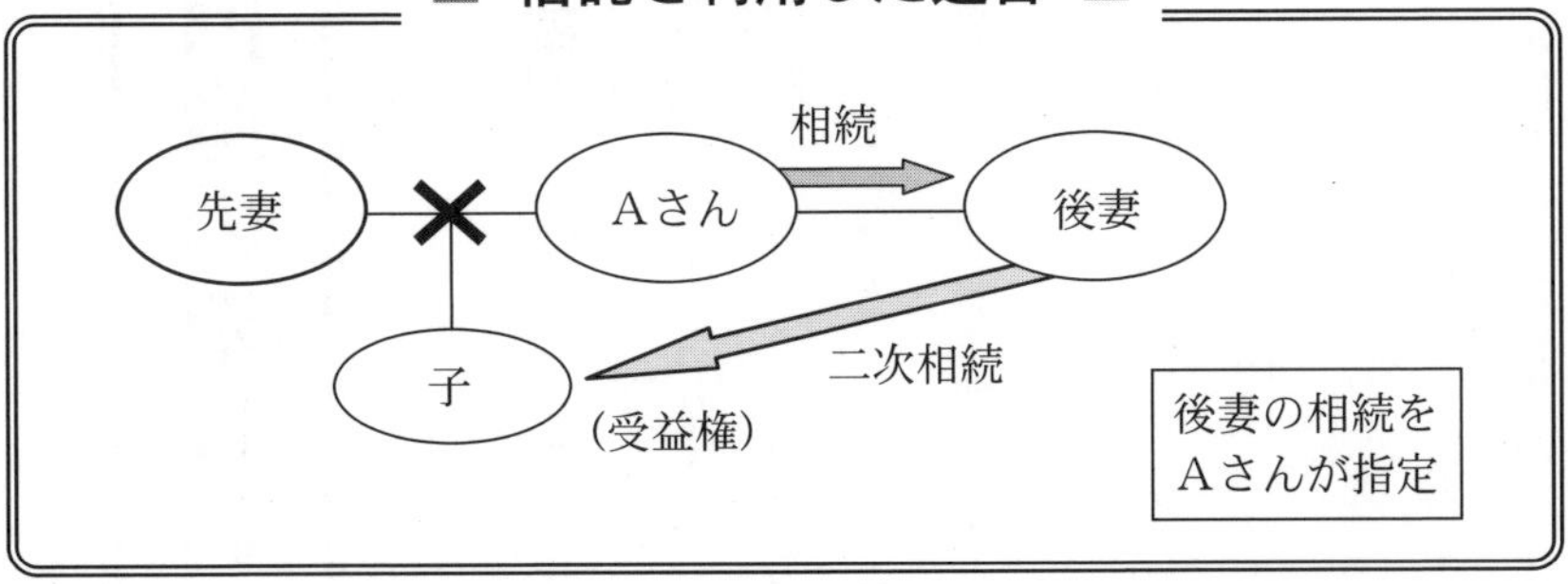

■ 従来の遺言 ■

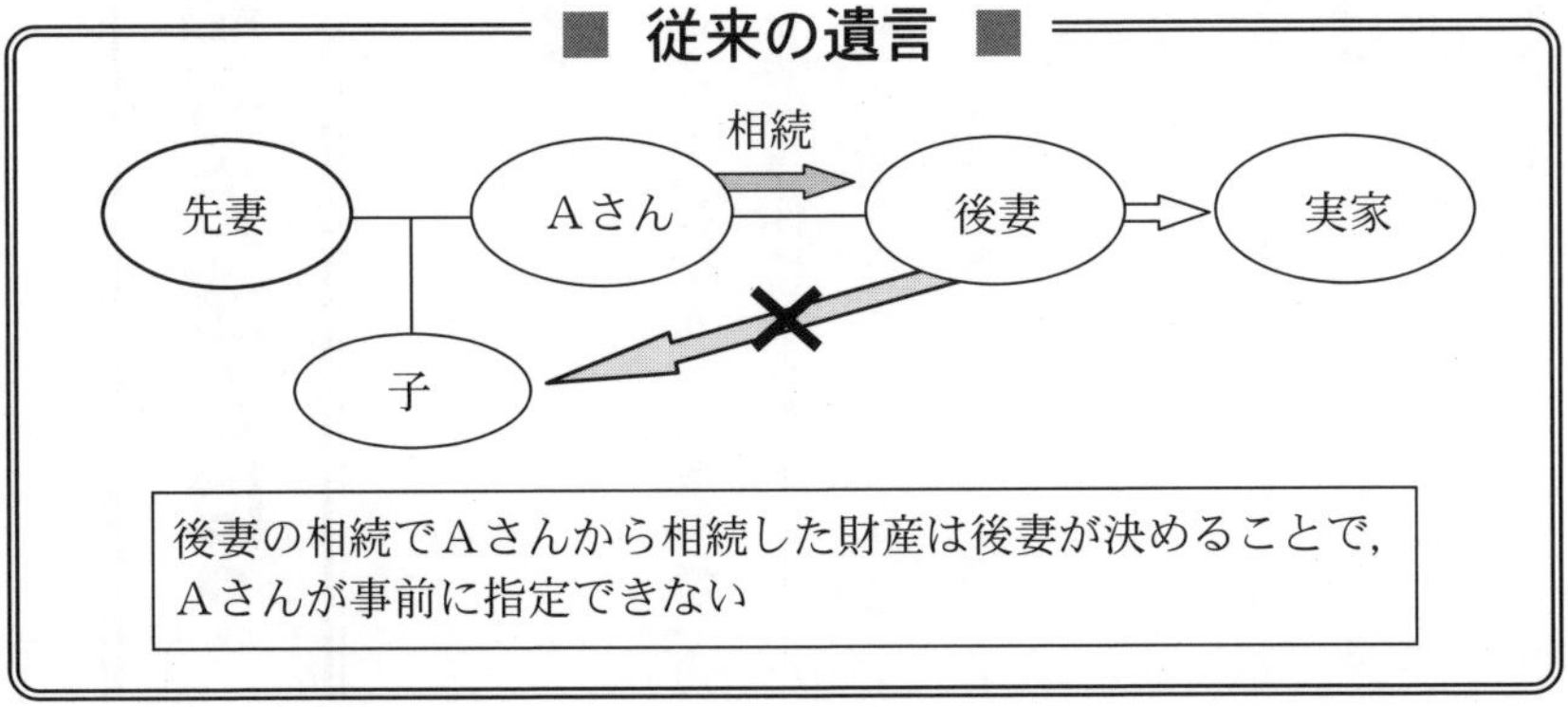

《4》幼い子供への財産の新しい贈与方法とは？

■信託を使うと幼い子供に財産を確実に渡すことができます■

相続対策で、一代とばして孫に生前贈与するケースがあります。たとえば、祖父から三歳の孫へ現金三、〇〇〇万円を生前贈与する場合には、「財産の管理」と「贈与契約書」が要件になってきます。ただ、孫はできませんので、孫の親であり祖父の子供が孫に代わって契約や管理を行うことになります。

このようなケースでは、税務当局から実質は孫の名義を使った子供への贈与と判定されるリスクがあります。

「信託」を使うと、代理人（受託者）を間に立てて、祖父（委託者）と代理人（受託者）との間で孫を「受益者」にする信託契約を結べば、課税関係も明確になります。三歳の孫に三、〇〇〇万円を一括で送金するのではなく、受託者が毎年一定額をわたす方法もとれます。ただし、贈与税に関しては、「贈与契約」も「信託契約」も、「贈与者」で「受益者」である「孫」に課税され、評価額も同じ所有権の評価額となります。贈与税の納税対策も考える必要があります。

■年少者への贈与と信託の比較
祖父から孫への贈与の場合■

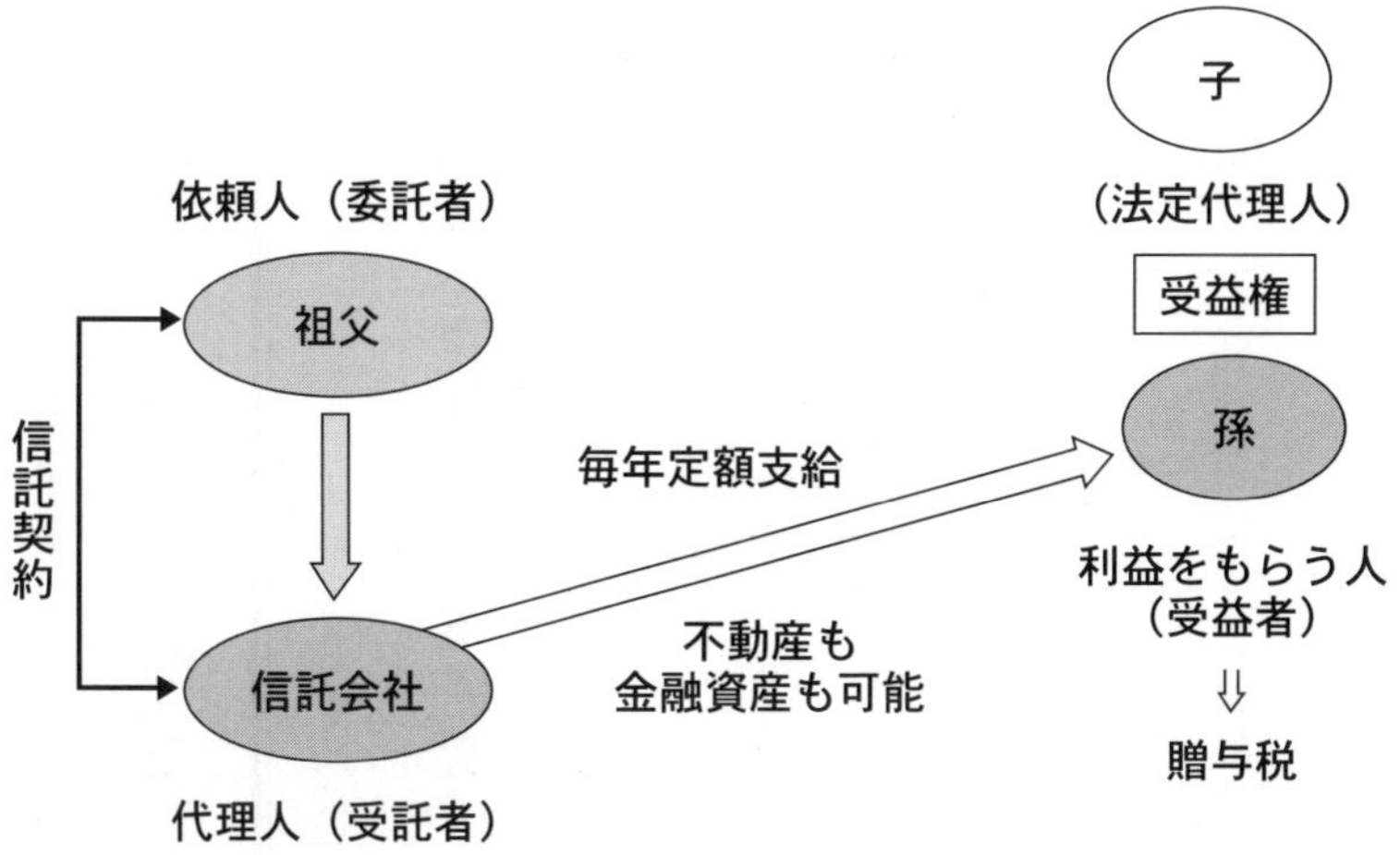

「信託」を使うと

幼い子供（孫）に財産を確実に渡すことができる

祖父が１歳の孫に財産を贈与したい

⇩

通常の「贈与」にすると法定代理人（孫の親）が契約書に署名，管理

⇩

「孫」を使った「子」への贈与とみなされる

⇩

「子」が使ってしまうリスクも

⇩

確実に「孫」に渡すために「信託」を利用

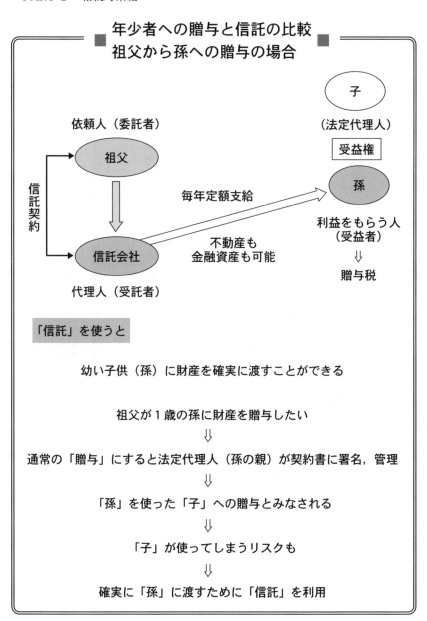

〈5〉贈与した財産を引き続き管理・支配したい

■長男に自社株を贈与したいが経営は引き続き父（社長）がしたいケースは「信託」を使おう■

社長である父が事業承継対策のために、後継者の長男に自社株を贈与したいというケースは多くみられます。その会社が業績が良ければ評価額が毎年上昇しますので、早いうちにできるだけ贈与したいと考えるものです。ただし、社長としては、経験のない若い長男に経営を任せるには不安がありますので、引き続き経営権は維持したいと考えることがあります。

このような場合、従来の自社株の生前贈与の方法では、株式と議決権は一体となっていますので、贈与があった時点で自社株そのものと議決権が、後継者の長男に移ることになります。

ところが、「信託」を使うと、今まで対処できなかったこのような問題を解決することができるのです。その方法のポイントは、自社株式を「議決権」と「財産権」に分けるということです。

「議決権」とは、具体的には議決の指示をする権利のことで、信託では「議決権行使の指図権」といいます。「財産権」とは、配当を受ける権利や清算時に残余財産を受ける権利のことをいい、議決権は含まれません。

このことを利用して、会社のオーナーである父親が「委託者」であり「受託者」で「議決権行使の指図権」を有し、後継者である長男には「財産権」のある「受益者」とする信託契約を作成します。これにより、長男は贈与税は生じますが、「議決権」は引き続き社長である父親が有していますので、会社の経営は父親がやることになります。また、長男が父より先に死亡した場合には、通常の贈与の場合には、大半は長男の嫁が相続することになります。そうすると、大事な会社の経営権が創業一族以外に移動することになりますので、このことは絶対に避けなければなりません。

信託契約では、長男が先に亡くなった場合に、次に受益権を取得する者を指定することができます。たとえば、「長男が亡くなった場合には、次男が次の受益者になる」と定めておくと、受益権が長男の配偶者に行かずに、次男が受益者となります。

「信託」を利用すると、大事な会社の経営権が社外に流出するリスクを、このような方法で回避することができるのです。

信託しても代理人（受託者）として株式の所有者になり株式の権限を有します

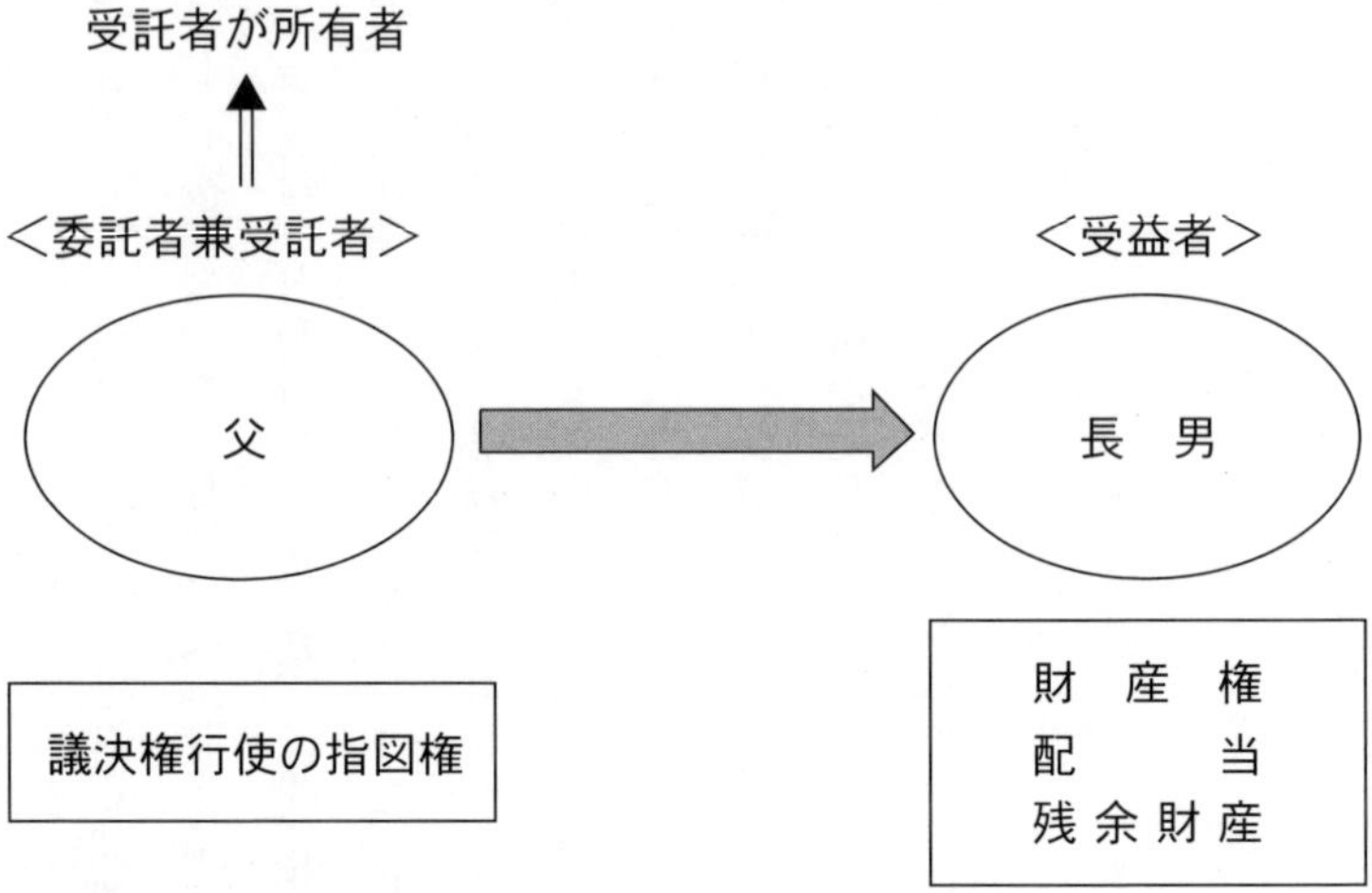

株式に内包される財産権と議決権

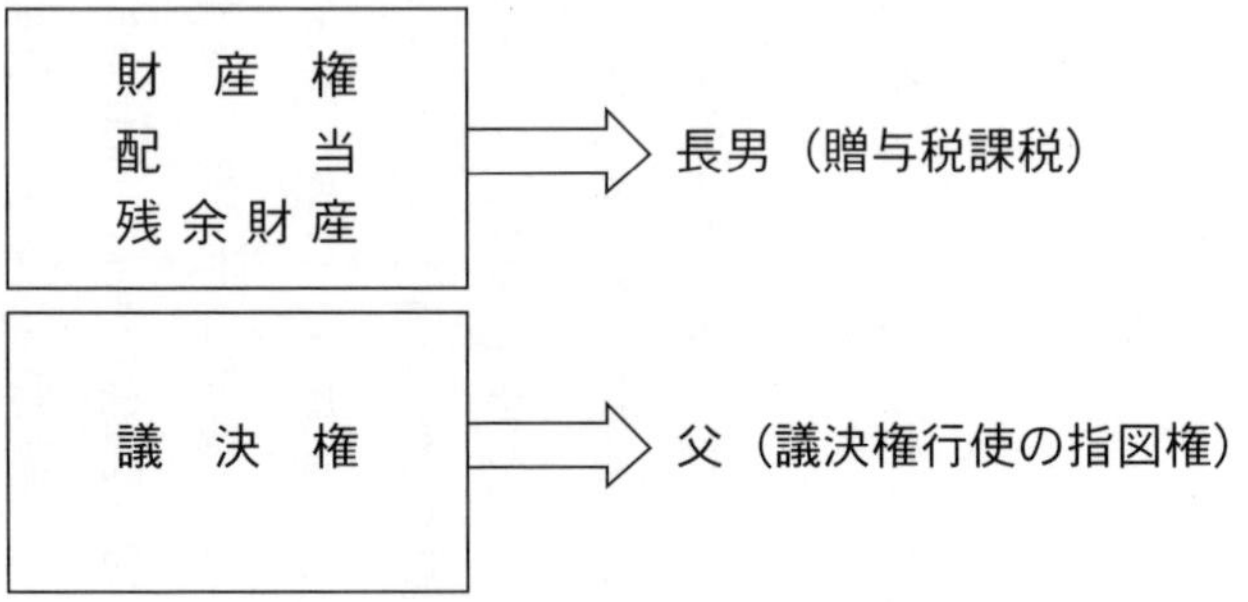

第8章　認知症対策

〈1〉認知症は大きな社会問題

〈2〉「認知症」対策のタイムスケジュール

〈1〉認知症は大きな社会問題

認知症の方が急増しています。

二〇一二年に四六二万人だった認知症の数が、二〇二五年には七〇〇万人、二〇三五年には八三〇万人と急増すると予測されています。これらの人々の金融資産の合計が、なんと二一五兆円となるといわれています。

この膨大な金融資産が凍結されると、日本経済は大きく停滞してしまいます。つまり、「認知症問題」は、国の経済にも影響を与える、大きな社会問題なのです。

さて、私たち市民レベルでは、こういうことがあります。親が軽い認知症で将来自宅を売却して老人ホームに入ろうと計画しているケースです。ところが、認知症になった場合は、親に契約能力がないので、売却することができないのです。また、預金が、五、〇〇〇万円あっても、本人確認が出来ないので、銀行から下ろすこともできないのです。

このように「認知症」になったら、親が老後資金に計画していた資産は全然使えなくなり、子供たちが苦しい家計をきりつめて、親の介護費用を捻出しなければならなくなるのです。

そこで、考えられる方法としては、二通りあります。「成年後見人制度」と「家族信託」です。

では、「成年後見人制度」から見ていきましょう。

■ 成年後見人制度 ■

成年後見人制度は、二〇〇〇年に施行されました。以前は「禁治産者制度」がありましたが、戸籍の記載や官報公告等で社会生活に著しく支障をきたす制度でしたので、もっと利用する制度として、「成年後見人制度」ができました。成年後見人とは、簡単にいうと、「判子を代わりに押す人」といえます。


成年後見人の義務は、「財産管理」と「身上監護」です。

「身上監護」とは、医療、入院、リハビリ、介護施設入居等の契約や手続きをすることをいいます。

「成年後見人」は「法定後見人」と「任意後見人」の二種類があります。この二つの制度は、似たように思いますが、全く異なる制度です。


〈法定後見人〉


法定後見人からみていきましょう。

法定後見人は、認知症になって凍結された財産を動かそうとすると、採用できる唯一の方法です。

法定後見は認知症の程度によって、「成年後見」「保佐」「補助」に分かれます。

手続きとしては、家庭裁判所に申請し、後見人が決定されます。ほとんどのケースで弁護士、司法書士が指名されます。

また、法定後見人には報酬が発生します。財産の額に応じて、月二万円から六万円の報酬を亡くなるまで払い続けなければなりません。一生止められないという厳しい制度なのです。最高年間七二万円の報酬を十年続けると七二〇万円の財産がなくなることになります。法定後見人は、被後見人のすべての財産の管理を目的としていますので、家族の意向に反することもあります。

家族としては、家族の意見が通らないという不満な部分もある制度です。

〈任意後見人〉

家族としては、後見人には子供がなるとこを望まれます。その方法が「任意後見人」です。

これは、認知症になる前に後見人を選べる制度で、「法定後見」よりも優先されます。

まず、「親」と「子供」で「任意後見契約」を公正証書で作成します。

その後、認知症になった時点で、選任されたら「任意後見」のスタートです。

■ 任意後見の流れ ■

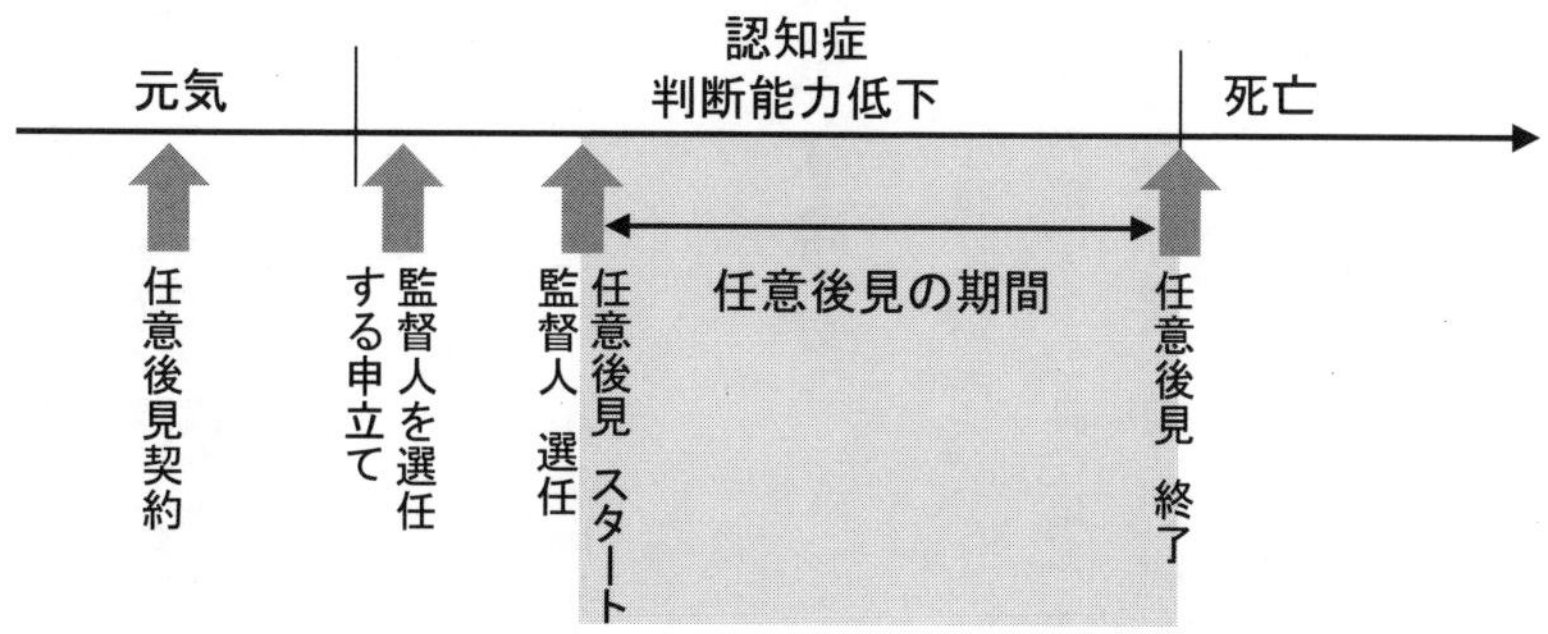
元気
認知症
判断能力低下
死亡
任意後見契約
監督人を選任する申立て
監督人 選任
任意後見 スタート
任意後見の期間
任意後見 終了

〈2〉「認知症」対策のタイムスケジュール

「認知症」のリスクが増大している現代社会で、どのような対策をした方がよいのかを、「元気な時」「認知症になった時」「相続開始の時」のタイムスケジュールを通してみていきましょう。

■元気な時■

やはり、子供に後見人になってもらえる「任意後見契約」を親子で、公正証書にして、締結しましょう。この事実は公証役場を通して登記所に登記されます。

次に、自宅や賃貸不動産に関する売却、賃貸借等の契約や、預貯金の出入れ等の権限を親子間で委任できる「家族信託契約」（218頁参照）を公正証書にして締結すべきでしょう。

■認知症になった時■

〈準備をしていた場合〉

「任意後見契約」を締結していた場合は、家庭裁判所に申立てをして、「任意後見」をスタートさせます。その時点で、家庭裁判所は「後見監督人」を指定してきます。「家族信託」もスタートします。

これにより、介護等の「身上監護」、いろいろな契約や、資産の売却、預金の出入れができるようになるのです。

〈準備をしていない場合〉

前記のような認知症対策をしていないときは、「法定後見人」をつけるしか方法がありません。家庭裁判所に申立てして、選任してもらいます。

財産の処分は、家庭裁判所の判断となりますので、家族の意見は、ほとんど反映されません。

また、資産の額にあわせて、「後見人報酬」を毎月二万円から六万円支払わなければなりません。

また、解約することもできませんので、家族としては、使い難い制度といえます。

■相続開始した時■

「遺言」にしたがって、「遺産分割執行人」が遺産分割をします。「遺言」がない場合は、「遺産分割ます。

協議」に入ります。分割方法で揉める可能性がありますので、なるべく「遺言」をおすすめします。

次に、「遺言」の準備をしましょう。相続が起こると、相続人間では、お互いに円満に治めようと思っていても、自宅、賃貸不動産、預貯金の分け方については、意見が異なる場合がよく見かけられ

最悪の場合は、家庭裁判所の調停になったりしますので、残された家族のためにも遺産の分け方の指示は、親としてすべきなのです。だから、「遺言」は「家族に対するラブレター」というのです。

このように、「元気な時」「認知症になった時」「相続開始の時」のそれぞれに行うことがあります。次にわかりやすく表にしましたので、参考にして下さい。

■ 認知症対策のタイムスケジュール ■

＜元気＞

＜1＞ 任意後見契約
子供を後見人にする

＜2＞ 家族信託
「子供」を委託者（任せる人）
自宅、不動産、預金、自社株

＜3＞ 遺言
遺産分割の指示

＜認知＞

【準備あり】

＜1＞「任意後見」
家庭裁判所に申立て
「後見監督人」 が付く
毎月費用（1～2万円）が発生
任意後見人の「子供」が
「身上監護」ができる
遺産分割協議書署名
保険金受取人の署名
ができる
自宅の売却は困難

＜2＞ 家族信託
自宅を売却して老人ホーム
に入ることができる
預金の出し入れが自由
会社の経営が可能

【準備なし】

＜1＞「法定後見人」
認知症になってできる
唯一の方法
家庭裁判所へ申立て
弁護士・司法書士を選任
財産の処分は家裁の判断
預金があれば自宅の売却は
困難
毎月費用（2万～6万）が
かかる
一生やめられない

＜死亡＞　遺言　家族に対するラブレター
分割を指示してあげる

円満相続

PART3 納税対策編

第1章 相続発生後にするべきこと

〈1〉相続発生後の手続は？

〈2〉手続の具体的内容

1 遺言書の確認
2 相続人を確定する
3 相続財産を調査する
4 葬式費用の整理をする
5 限定承認・相続放棄の手続をする
6 所得税の準確定申告を四か月以内にする
7 遺産分割協議をする
8 生命保険の請求をする
9 相続財産の名義を変更する
10 相続税の申告納付

《1》相続税発生後の手続は？

相続が発生したときは、気が動転して、何をやっていいのかわからなくなります。そこで、相続が発生した場合の手続について説明していきましょう。

当然まず、葬儀関係手続に入りますが、相続手続としては、市町村役場へ死亡届を提出します。死亡届は死亡後七日以内に行い、医師の死亡診断書の添付が必要です。死亡届を提出しないと、火葬や埋葬の許可がとれませんので、まず最初にやるべき手続です。それから、初七日、四九日法要等、と進んでいきますが、相続手続としては次の順序で行っていきます。

①　遺言書の確認

遺言書の有無によって、遺産分割が全て変わってきますので、最初に確認します。発見された場合は、遅滞なく、家庭裁判所で検認の手続をします。

②　相続人を確定する

被相続人の出生からの戸籍謄本を取り寄せて、相続人を確定しなければなりません。非嫡出子等の確認をしなければ、最終的な法定相続分も確定しません。

③　相続財産の調査
　被相続人の財産、負債の調査をやることによって、債務超過の場合には、限定承認、放棄の手続をする必要がでてきます。
④　葬式費用の整理をする
⑤　限定承認、相続放棄の手続
　債務が多い場合には、相続開始を知った日から三か月以内に手続しなければなりません。
⑥　所得税の準確定申告
　相続発生後四か月以内に、その年一月一日から死亡の日までの個人所得税の申告をします。
⑦　遺産分割協議をする
⑧　生命保険の請求をする
⑨　財産の名義を変更する
⑩　相続税の申告をする
　相続開始から一〇か月以内です。

〈2〉手続の具体的内容

1　遺言書の確認

■遺言書の検認■

相続手続で、最初にやる手続が遺言書の確認です。その有無により、遺言がある場合には、遺言に従い分割を進め、遺留分を侵す場合は、遺留分の減殺請求をする可能性があります。また、ない場合は、相続人による協議により、分割をするようになります。

確認の方法としては、貸金庫か自宅の金庫等の重要書類の中にある場合が多いと思われますが、発見した場合には、開封せずに、遅滞なく家庭裁判所に提出して遺言書の「検認」を請求しなければなりません。

また、公証役場作成の遺言書は公証人が作成した公文書で、公証役場に元本がありますので、検認の必要はありません。

■ 遺言の執行 ■

遺言書の検認後は、遺産分割に入っていきます。

遺産分割は遺言書に従って進めていきますが、それを行う者を遺言執行者といいます。遺言執行者は遺言の中で指定されている場合が一般的ですが、指定されていない場合には家庭裁判所が選任することになります。

2　相続人を確定する

相続手続を行ううえで、一番重要なことは相続人の確定です。相続とは、被相続人の財産債務を相続人が承継する手続をいいますので、相続人が誰で、何人なのかを確定する必要があるのです。

相続人を確定するには被相続人の出生から死亡までの戸籍謄本を取り寄せなければなりません。先妻の子供がある場合や、認知した子がいる場合などは、相続人の数や法定相続分が変わってきますので、注意が必要です。

次に、相続人についても生存を確認するうえで出生からの戸籍謄本と住民票の写しもとっておく必要があります。

相続人が死亡している場合には、代襲相続人を確定しなければなりませんので、速やかにこの作業を行います。

また、出生からの戸籍謄本が全国各地にわたる場合に、入手が困難な場合には弁護士や司法書士に職権で取り寄せてもらう方が速やかに入手できますので、是非御相談ください。

なお、戸籍謄本と住民票の写しは、相続税の申告、相続登記にも必要となりますので、合計三通ずつ、取り寄せておくとよいでしょう。

3　相続財産を調査する

相続が発生した場合にまず被相続人の財産および債務を調べる必要があります。それにより、相続税の概算額や限定承認（財産の範囲内で債務を承継する方法）や、相続放棄の方針を決めなければなりません。財産の調査方法をみていきましょう。

まず、不動産は、権利証、登記簿謄本、固定資産税明細書、確定申告書等から調べることができます。次に預貯金は通帳で確認し、それぞれその銀行、郵便局の残高証明をとっておきましょう。その際に、債務の明細も記載されますので、後で述べる債務の調査にも使えます。

株式は、株券、預り証、取引明細書等で調べます。

生命保険、損害保険（死亡保険金がある場合）は、保険契約書、保険証券等で、調査します。

また、事業をされていた方の場合は、車両、棚卸資産等の事業用資産がありますので、確定申告書を確認しなければなりません。

次に、債務ですが、住宅ローンや事業用借入金等の銀行借入金を想定されますが、他にもいろいろな種類の債務がありますので、次に列挙してみます。

① 住宅ローン、事業用借入金等の金融機関からの借入金

② 事業用の支払手形、買掛金、未払金等の債務

③　入院費等の未払金
④　未納の所得税（準確定申告も含む）・地方税（住民税、固定資産税）

4　葬式費用の整理をする

相続財産の計算上、控除できるものとして、借入金等の債務と葬式費用があります。

葬式費用は地域習慣によってそれぞれ違いがあり、すべての費用を控除できるわけではありません。

相続税法上では次のような基準で、控除できるものとできないものを区分しています。

■葬式費用になるもの■

葬式費用になるものの具体例としては、次のようなものです。
①　葬儀社への支払
②　お布施、戒名料などお寺への支払
③　お通夜、告別式の費用
④　タクシー代などの交通費
そこで、相続が起きて葬式が済みましたら、後の申告に備えて、領収書の整理をする必要がありま

す。領収書をもらえない支出の場合は支払金額、支払先、内容等をメモしていれば、有効となります。

■ 葬式費用にならないもの ■

① 香典返戻費用（香典返し）

受け取る香典は、非課税なので、香典返しも葬式費用になりません。

② 墓碑、墓地の購入費用

墓碑、墓地は相続財産でないので、購入費用も葬式費用になりません。

③ 法会に要した費用

初七日や、四十九日等の法会の費用は、葬式費用になりません。

④ 医学上、または裁判上の特別の処置費用

葬式費用になるもの，ならないもの

葬式費用になるもの

- ① 葬式もしくは葬送に際し，またはこれらの前において，埋葬，火葬，納骨その他に要した費用
- ② 葬式に際し施与した金品で，被相続人の職業，財産その他の事情に照らして相当程度と認められるもの
- ③ ①と②のほか，葬式の前後に生じた出費で通常葬式に伴うと認められるもの
- ④ 死体の捜索または死体もしくは遺骨の運搬に要した費用

葬式費用にならないもの

- ① 香典返戻費用
- ② 墓碑および墓地の買入費ならびに墓地の借入料
- ③ 法会に要した費用
- ④ 医学上または裁判上の特別の処置に要した費用

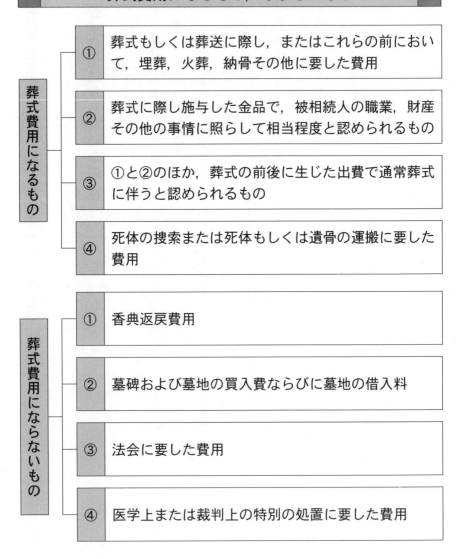

5　限定承認・相続放棄の手続をする

相続財産、債務の内容が判明した場合に、次に行うべきことは承継の方法の決定です。承継の方法は前に述べたように単純承認、限定承認、相続放棄の三種類です。

財産が債務を上回る場合は、財産、債務全てを承継する単純承認がいいでしょう。単純承認は手続は要りません。

債務が財産を上回る、いわゆる「債務超過」の場合には、限定承認または相続放棄の方法が考えられます。

限定承認は財産の範囲内の債務についてのみ承継し、債務返済後に財産の残額がある場合にのみ、相続をするという方法で、相続開始を知った日から三か月以内に相続人全員で家庭裁判所に届け出なければなりません。債務がいくらあるか明確でない場合は、限定承認の手続をすることをお勧めします。

財産、債務全てを相続しない場合は、相続放棄の手続をします。相続放棄の手続は相続開始を知った日から三ヶ月以内に家庭裁判所に「相続放棄申述書」を提出しなければなりません。相続放棄をすると、その相続人は初めからいないものとされ、他の相続人の相続分が増加することとなります。また、同順位の相続人がいなくなる場合は、次の順位の相続人が相続することになります。

6　所得税の準確定申告を四か月以内にする

相続といえば、相続税を思い浮かべますが、被相続人の一月一日から死亡の日までの所得税の確定申告をする必要があります。この申告のことを、所得税の準確定申告といいます。

所得税は通常、その年の確定申告は、翌年三月一五日までに申告納付を行いますが、準確定申告は被相続人の死亡の日から四か月以内に申告書を提出し、税額を納付しなければなりません。

この申告に係る納付税額は、債務として相続財産から控除され、還付税額は相続財産に加算されます。

準確定申告の申告書は特定の申告書はありませんので、通常の確定申告書を代用し、上の部分に「準」の字を記入します。

ただし、準確定申告書には相続人、相続分、相続人の代表者等を記入した確定申告書の付表を提出する必要があります。

7　遺産分割協議をする

遺産の調査をして、財産明細ができあがると、次に遺産の分割に入ります。遺産の分割は遺言がない限り、基本的には自由に相続人が決めることができます。その場合、法定相続分や寄与分、生前贈与、遺贈等の事由を勘案して相続人間で協議のうえ、決定します。そして、その決定事項を「遺産分割協議書」という書面に記載し、相続人全員が署名し、実印を押印して完成させます。また、印鑑証明を添付することも要件となります。

遺産分割協議書（48頁参照）は土地、建物等の不動産の相続登記手続や、預貯金、株式の名義変更に必要ですので、速やかに作成するべきでしょう。

遺産分割協議が、相続人間のトラブルで長期間できない場合には、いつまでも財産名義変更ができずに、相続人として著しく不利益となります。また、相続人、つまり、親族間の心理的しこりになりますので、今後の付き合いや故人のためにも円満な分割協議が望ましいといえます。

その他にも、遺産分割協議書が必要な場合として相続税の申告があります。相続税の申告については、次に述べますが、相続開始があったことを知った日の翌日から一〇か月以内に遺産分割協議書を添付して申告する必要があり、遺産分割が確定していないと、「配偶者の税額軽減」の特典が受けられませんので、なるべく早く遺産分割協議をすべきです。

8　生命保険の請求をする

相続発生後において、生命保険の契約がある場合には、速やかに生命保険金の請求をする必要があります。

生命保険金は、納税資金として一番有効な手段ですし、民法上の相続財産になりませんので、遺言を使った円満な遺産相続のためにも活用することができる方法です。

その活用のためにまず、生命保険契約の内容および証券の確認をしなければなりません。

被相続人の金庫、貸金庫等の確認の他に、確定申告書の「生命保険料控除」の欄をチェックする必要があります。

生命保険契約が確定できたら、次に保険金の請求をします。その場合の必要書類は、保険会社によっても若干違いますが、次の書類を用意しなければなりません。

■必要書類■

① 医師の死亡証明書
② 被保険者の住民票

③　保険金受取人の戸籍抄本と印鑑証明書
④　保険証券

9　相続財産の名義を変更する

遺産分割協議書の作成が完成すると、次に、それぞれの財産の名義変更手続に移ります。その場合、それぞれの財産の種類ごとに必要書類をみていきましょう。

■不動産■

不動産の名義変更に必要な書類は、次のものです。

①　遺産分割協議書
②　被相続人の除籍謄本
③　固定資産税評価証明書
④　全相続人の戸籍謄本
⑤　全相続人の印鑑証明書
⑥　全相続人の住民票

不動産の名義変更は全国の登記所（法務局）に、相続登記の申請を行います。詳しくは、登記の専門家の司法書士に相談してください。

■株　式■

株式の名義変更は証券会社が代行して行いますので、詳しくは次の書類を用意して証券会社に問い合わせてください。

①　遺産分割協議書
②　被相続人の除籍謄本
③　全相続人の戸籍謄本
④　全相続人の印鑑証明

■預貯金■

金融機関の預貯金は、預金者の死亡が確認されれば、凍結されて、払出はできなくなります。そこで、分割協議後、次の書類を用意して金融機関で、手続をすると、預貯金の名義変更ができます。

①　遺産分割協議書

② 被相続人の除籍謄本
③ 全相続人の戸籍謄本
④ 全相続人の印鑑証明

10 相続税の納付申告

遺産分割協議書ができ、名義変更も終了したら、今度は相続税の申告納付に移ります。

相続税の申告は、財産の合計額が基礎控除額（三、〇〇〇万円＋六〇〇万円×相続人の数）を超える場合に、相続開始の日から一〇か月以内にしなければなりません。

預貯金のみの場合は、納税者個人でもできますが、不動産等のいろいろな種類の資産がある場合は、評価方法が複雑で申告書も次に掲げるように多くの種類が必要になりますので、専門家の税理士に依頼される方がよいでしょう。

また、申告書の提出先は、相続人それぞれの住所地所轄の税務署でなく、被相続人の住所地所轄の税務署で、原則として相続人全員の連名で申告し、納付することとなっていますので、注意が必要です。

■ 相続税申告書の種類 ■

種　　類	名　　称
第　1　表	相続税の申告書
第 1 表 続	相続税の申告書（続）
第　2　表	相続税の総額の計算書
第　3　表	財産を取得した人のうちに農業相続人がいる場合の各人の算出税額の計算書
第　4　表	贈与税額控除額の計算書
第　5　表	配偶者の税額軽減額の計算書
第　6　表	未成年者控除額・障害者控除額の計算書
第　7　表	相次相続控除額の計算書
第　8　表	外国税額控除額・納税猶予税額の計算書
第　9　表	生命保険金などの明細書
第　10　表	退職手当金などの明細書
第　11　表	相続税がかかる財産の明細書
第11表の付表１	小規模宅地等に係る課税価格の計算明細書
第11表の付表２	相続開始前３年以内に取得等した不動産の明細書
第　12　表	納税猶予の適用を受ける特例農地等の明細書
第　13　表	債務及び葬式費用の明細書
第　14　表	純資産価額に加算される贈与財産価額・公益法人などに遺贈した財産・特定の公益法人などに寄附した相続財産・特定公益信託のために支出した相続財産の明細書
第　15　表	相続財産の種類別価額表

第2章　延納・物納を利用する方法

〈1〉延納

〈2〉物納

〈1〉延　納

相続税対策としては、いろいろな方法が考えられますが、最終的に重要なことは納税対策になると思います。その納税対策についてみていきましょう。

相続税の納税方法は、①金銭一時納付、②延納、③物納の三種類があります。そのうち、延納からみていきましょう。

■概　要■

相続した財産の中に、預金や有価証券等の換金性の高いものが多くあれば、納税に支障はありませんが、相続財産の大部分が不動産のような場合には、相続税の納付が困難になります。このような場合には、分割して納税できる「延納」という制度が認められています。

ただし、延納が認められるためには、一定の要件が必要で、利子税もかかることになります。

■適用要件■

延納の要件は、次のとおりです。
① 相続税が一〇万円を超えること
② 納期限までに金銭で納付することが困難であること
③ 担保を提供すること
④ 延納申請書を提出すること

延納をするには、原則として、担保の提供が必要とされますが、延納税額が五〇万円未満で期間が三年以下の場合には必要がありません。

また、担保となる財産の種類は限られていて、これをまとめると、次のようになります。
① 国債および地方債
② 社債その他の有価証券（税務署長が確実と認めるものに限る）
③ 土　地
④ 建物・立木・船舶・飛行機など
⑤ 保証人の保証（税務署長が確実と認めるものに限る）

■延納の期間と利子税■

❶延納の期間

延納期間の原則は五年です。ただし、不動産等の価額が全相続財産の価額に占める割合が、五〇％以上の場合には最長一五年、七五％以上の場合には最長二〇年の延納が認められます。

なお、不動産等とは、不動産・不動産の上に存する権利・立木・事業用の減価償却資産・特定同族会社の株式および出資のことをいいます。

❷利　子　税

相続税の延納が認められると、その税額と期間に応じて、利子税がかかってきます。

利子税は、延納期間、または相続財産の区分に応じて、年三・六％から年六％までの割合で課されます。また、各年の延納特例基準割合（※）が七・三％に満たない場合は、延納利子税の割合に特例が適用されます。

（※）　延納特例基準割合

【平成二六年一月一日以降】

各分納期間の開始の日の属する年の前々年の一〇月から前年の九月までの各月における銀行の新規の短期貸出約定平均金利の合計を一二で除して得た割合として各年の前年の一二月一五日までに財務大臣が告示する割合に、年一％の割合を加算した割合延納期間と利子税の相続財産ごとの区分をまとめると、下の表のようになります。

■ 延納利用の注意点 ■

区　　分		延納期間（最高）	利子税（年割合）	特例割合（延納特例基準割合が1.9%の場合）
不動産等の割合が75%以上の割合	1　不動産等に対応する税額	20年	3.6%	0.9%
	2　動産等に対応する税額	10年	5.4%	1.4%
不動産等の割合が50%以上70%未満の割合	3　不動産等に対応する税額	15年	3.6%	0.9%
	4　動産等に対応する税額	10年	5.4%	1.4%
不動産等の割合が50%未満の割合	5　立木に対応する税額	5年	4.8%	1.2%
	6　立木以外の財産等に対応する税額		6.0%	1.5%

■延納利用の注意点■

延納は、相続税の分割納付ができるということで便利なようですが、容易に利用すると利子税の負担がかなり重く、長期間のしかかってきます。

そこで、延納の利用には注意が必要となってきます。

それでは、これから延納を上手に利用するポイントを述べていきましょう。

❶　延納を可能にするため土地に収益性をもたせるようにする

長期間の延納を可能にするには、収益性の低い土地は積極的に節税対策を兼ねた土地の有効活用をする必要があります。

具体的には、賃貸マンション・アパートの建物、定期借地権、等価交換、建設協力金方式などが考えられます。

❷　事業所得や給与所得を延納資金にしない

事業所得や給与所得は、長期的にみると、変動のリスクがあるので、経常的に高額の延納資金の原資にするには適していません。

延納資金には、❶で述べたように、土地に収益性をもたせた不動産所得が最適といえます。

❸ 将来、不動産を売却して納付する予定がある場合には延納を利用する

相続した不動産を売却して納税する場合に、急いで売却すると安くしか売れない場合には、将来値上がりが見込めるまでの期間、延納を利用することは、有効な方法です。

また、不動産を売却する場合には、相続後三年以内に実行して「相続税の取得費加算の特例」を受けられるようにすると有利です。

これは相続によって取得した財産を相続税の申告期限から三年以内に譲渡した場合には、譲渡した人にかかった相続税を、譲渡した相続財産の取得費に加算できるというものです。

❹ 銀行金利と利子税の比較をする

延納を利用するかどうかは、銀行金利と利子税を比較して決めるとよいでしょう。

銀行金利が低い場合には、銀行から借入して納付した方が有利になります。

❺ 物納と延納を検討している場合は、物納申請を優先させる

最初に延納申請して、後で物納に切り替えることはできません。しかし、逆に物納申請後に延納に変更することは可能です。

したがって、物納と延納を両方検討している場合には、まず物納申請をしておいて、後で延納に切り替える方法がよいでしょう。

〈2〉物　納

■概　要■

相続税は原則として、金銭納付すべきですが、金銭で一時に納付できない場合には、相続財産で納付する物納制度が認められています。

物納のメリットとしては、次の点があげられます。

① 相続財産を売却して納付する場合は、所得税・住民税が差引後の金額であるが、物納は所得税がかからずに、相続税評価額で納付できる。

② 不動産不況で、売却が困難な状況でも納付できる。

■物納の要件■

物納は全てのケースに認められるわけでなく、次に掲げる要件を満たす必要があります。

① 金銭での納付が困難

相続税は金銭納付が原則である。一時納付も、延納も困難である場合に限って、物納を申請することができる。

② 物納財産が、一定の財産である。

③ 相続税の申告期限までに、物納申告書を提出する。

■ 物納できる財産・できない財産 ■

物納できる財産とは、相続で取得した財産のうち、次に掲げる一定の財産で、管理および処分が容易なものをいいます。

❶ 物納できる財産

物納できる財産は、相続または、遺贈によって取得した日本国内にある財産で、次にあげるものに限られています。

① 国債・地方債

② 不動産・船舶

③ 社債・株式・証券投資信託または貸付信託の受益証券

④　動　　産

頭の数字は物納できる順番を表しています（ただし①、②は同順位）。

❷ 物納できない財産

物納する財産は、国が換金し、税収に充当するために、管理処理が容易である必要があります。したがって、次のような財産は物納には不適当な財産として、物納は認められていません。

①　質権・抵当権その他の担保権の目的となっている財産
②　所有権の帰属・境界などについて係争中の財産
③　共有財産（共有者全員が持分を物納する場合を除く）
④　譲渡に関して法令に特別の定めのある財産（たとえば、差し押さえの対象となっている財産など）
⑤　不動産のうち次のもの
・買戻し特約登記等のある不動産
・売却できる見込みのない不動産
・他の財産と一体として効用をする不動産
・現状を維持するために築造、修理が必要な土地
・今後数年以内の使用に耐えないと認められる建物

■物納の選択基準■

物納を選択した方が有利な場合とは、相続税の評価額が、売却した場合の手取額（正味手取額）より多い場合なので、次のことがいえます。

① 相続税評価額 ＞ 正味手取額……物納が有利

② 相続税評価額 ＜ 正味手取額……金銭納付が有利

（注） 正味手取額＝売却予定価額－（取得費・譲渡費用、相続税の取得費加算額、所得税・住民税）

■物納財産の収納価額■

税務署が物納財産を受け入れるときのその算定価額のことを収納価額といいます。

物納財産の収納価額は、相続税の課税価額の計算の基礎となった価額、すなわちその財産の相続税評価額です。土地であれば、路線価方式または倍率方式によって評価した金額です。

次の場合の収納価額は注意が必要です。

① 小規模宅地の評価減の適用を受けた土地は、その評価減をした後の金額が収納価額となります。したがって、小規模宅地は物納すべきではありません。

②　物納財産の収納時までに、その財産の状況に著しい変化があった場合には、収納時の現状によってその財産の収納価額を定めることになっています。状況の著しい変化とは、たとえば、①土地の地目変更があった場合、②建物の損壊または増築があった場合、③自家用家屋が貸家となった場合、④株式の評価額が災害等により著しく低下した場合などをいいます。

物納の手順

物納は申請しても許可されるとは限りません。税務当局が調査し、物納財産の変更の指示を受けたり、却下されることもあります。また、物納の許可を受けた後に撤回することもできます。その流れをみていきましょう。

❶ 物納の申請

「相続税物納申請書」を相続税の申告期限までに提出します。この申請書には、金銭で納付することを困難とする理由、物納財産の明細などを記載して、登記簿謄本などを添付することになっています。

❷ 物納申請の調査

物納の申請があると、税務署長は申請内容の調査を行います。具体的には、次の点を調査します。

① 延納によっても金銭で納付することが困難な事由があるかどうか
② 物納財産が法定されたもので、順位が妥当であるかどうか
③ 管理および処分が容易であるかどうか

これらの物納申請内容の調査後、物納の許可、却下、または物納財産変更の指示が行われます。

❸ 物納の許可

物納財産について許可があった場合には、財産の引渡し、所有権の移転登記などの手続きをとることになります。

❹ 物納の却下

物納申請された財産が、物納のための条件を満たしていない場合には却下されることになります。物納が却下されたときには、金銭により一時に納付するか、延納をすることになります。その場合には納期限から相続税額を完納するまでの期間に応じて延滞税がかかります。

❺ 物納財産の変更

物納申請した財産よりも先順位で物納に適当な財産がある場合、あるいは物納財産が管理または処分に不適当である場合には、他の財産への変更の指示があります。この日から二〇日以内に「物納財産変更申請書」を提出する必要があります。

❻ 物納の撤回

物納の申請をしていても、許可があるまでは、いつでも取り下げることができます。また、物納の許可があっても、一定の場合には、物納を撤回して金銭で納付することもできます。物納の撤回ができるのは、次の条件が満たされる場合だけです。

① 物納許可後一年以内であること
② 賃借権等の付された不動産であること

更地については、いったん物納の許可があると撤回することができません。

著　者　紹　介

黒永　哲至（くろなが・てつし）

税理士
1955年　福岡県生まれ
青山学院大学経済学部卒業
1989年　黒永会計事務所を開設

外資系生命保険会社の専属税務顧問，証券会社の税務顧問を歴任。保険税務，資産税に関するセミナーを生命保険，損害保険，不動産会社等において多数開催。法人税務経営コンサルティング，相続・不動産コンサルティングを中心とした業務を行い，現在に至る。

著書，執筆に『相続・贈与税でトクする本』（日本実業出版社共著），『生命保険・年金を活用した相続税対策』（ぎょうせい「税理」），『税務なんでもＱ＆Ａ』（丸宏大華証券），『賢い納税者入門』（ニコスクラブ）。

（事務所）
〒160－0023　東京都新宿区西新宿7－21－21　西新宿成和ビル3Ｆ
ＴＥＬ　03－3363－0118　　ＦＡＸ　03－3363－0366
http://www.kuronaga-ac.com/

著者との契約により検印省略

平成14年12月15日　初 版 発 行
平成15年10月1日　第 2 版 発 行
平成26年8月1日　第 3 版 発 行
令和2年7月15日　第 4 版 発 行

相続・贈与税のバイブル
〔第 4 版〕

著　者	黒　永　哲　至
発行者	大　坪　克　行
印刷所	光栄印刷株式会社
製本所	牧製本印刷株式会社

発行所　東京都新宿区下落合2丁目5番13号　株式会社　**税務経理協会**
郵便番号 161－0033　振替 00190－2－187408　電話(03)3953－3301(編集部)
FAX(03)3565－3391　(03)3953－3325(営業部)
URL　http://www.zeikei.co.jp/
乱丁・落丁の場合はお取替えいたします。

ISBN978－4－419－06722－9　C3032